Leidenschaft für
Kraut & Rüben

Das Kochbuch

Achim Schwekendiek
Barbara Lutterbeck

Leidenschaft für
Kraut & Rüben

Das Kochbuch

Foodstyling Sonja Schubert

edition styria

Inhalt

Kohl: Ein Porträt

In der Küchensprache versteht man unter Kohl den Gemüsekohl. Die zwei- oder mehrjährigen Pflanzen mit kräftigem Stiel, dicken Blättern und schwefelgelben, selten auch weißen Blüten sind wahre Gesundmacher. Sie enthalten Ballaststoffe, die den Organismus entgiften, liefern Zink, das Energie spendet, und Mangan, das den Stoffwechsel beziehungsweise die Fettverbrennung unterstützt. Kalium und Magnesium fördern einen ausgeglichenen Wasserhaushalt sowie körperliche und geistige Leistungskraft. Magnesium wirkt gegen Stress und Krämpfe und versorgt die Zellen mit Sauerstoff.

Kohl hat einen niedrigen Glyx-Index und ist reich an Vitamin B und C , Betacarotin und Selen. Er hat wenig Kalorien und viele bioaktive Stoffe, auch Pflanzensekundärstoffe genannt, die unsere Zellen gegen freie Radikale schützen und für Wohlbefinden und Gesundheit sorgen.

100 Gramm Kohl enthalten:
- 25 kcal
- 1,3 g Eiweiß
- 0,2 g Fett
- 4,2 g Kohlenhydrate
- 3 g Ballaststoffe
- 13 mg Natrium
- 208 mg Kalium
- 49 mg Kalzium
- 29 mg Phosphor
- 23 mg Magnesium
- 0,5 mg Eisen
- 70 ug Betacarotin
- 47 mg Vitamin C
- 80 ug Vitamin K
- 0,05 mg Vitamin B1
- 0,1mg Vitamin B2
- 80 ug Folsäure
- 124 ug Vitamin B6
- 100 ug Mangan
- 2,5 ug Selen
- 224 ug Zink

Der Gemüsekohl lässt sich morphologisch unterscheiden in vier größere Wuchsformen:

Blätterkohl (Blattkohl)
Pak-Choi, Chinesischer Senfkohl
Blattkohl
Grünkohl
Chinakohl

Stammkohl
Kohlrabi
Steckrübe

Kopfkohl
Spitzkohl
Rotkraut
Weißkraut
Wirsing
Rosenkohl

Infloreszenzkohl (Blütenstandkohl)
Brokkoli
Blumenkohl
Grüner Blumenkohl
Violetter Blumenkohl
Romanesco

Blätterkohl
Pak-Choi
Pak-Choi ist in Deutschland auch bekannt unter dem Namen Chinesischer Senfkohl, in den Niederlanden unter Paksoi. Im Aussehen erinnert er an Mangold. Seine dunkelgrünen, 40–60 cm hohen Blätter mit einer breiten weißen Mittelrippe bilden einen lockeren Kopf. Sie können bei der Mini-Variante 50–60 g schwer sein, aber auch 600 g wiegen. Pak-Choi kann fein geschnitten wie Chinakohl als Salat zubereitet werden. Meistens wird er aber warm wie Mangold, Spinat oder Spitzkohl serviert. Wenn Blattrippen und Blätter zusammen gekocht werden, empfiehlt es sich, die Rippen zunächst einige Minuten zu blanchieren.

Im Uhrzeigersinn von links oben: Navette, Romanesco, Topinambur, Spitzkohl

Ursprünglich stammt Pak-Choi aus Asien. Er eignet sich aber auch gut zum Anbau in unseren Breitengraden. Die Aussaat erfolgt von Anfang Juni bis Mitte August. Bereits nach wenigen Wochen kann der Kohl geerntet werden.

Grünkohl

Grünkohl, auch Hochkohl, Winterkohl, Strunkkohl oder Krauskohl genannt, ist ein Wintergemüse. Er besitzt einen sehr hohen Anteil an Vitamin C, hinzu kommen die Vitamine A, E, K und B2. Außerdem enthält er Ballast- und Mineralstoffe wie Kalium, Kalzium, Magnesium und Eisen. Viele Kulturen schreiben ihm eine heilende Wirkung zu. So glaubten die Römer einst, er helfe gegen Schlangenbisse. Grünkohl wird in Mittel- und Westeuropa, Nordamerika sowie in Ost- und Westafrika angebaut. Die Aussaat beginnt Mitte Mai, die Ernte nach dem ersten Frost. Dadurch wird das Zellgewebe der Blätter lockerer und das Gemüse damit leichter bekömmlich. Man sollte Grünkohl nicht zu lange kochen, sonst wird er braun und verliert an Geschmack. Im Süden Niedersachsens isst man zum Grünkohl gerne Bregenwurst, eine gut gewürzte, schmackhafte Hirnwurst (Bregen = Hirn). Im norddeutschen Raum ist die Kombination Grünkohl und Pinkel populärer. Pinkel ist eine Wurst aus Grütze, Rinderflomen und Zwiebeln. Dazu reicht man Kasseler, Schweinebauch, Speck, Pökelfleisch oder Mettwurst, außerdemBratkartoffeln oder gekochte Kartoffeln.

Chinakohl

Der Chinakohl (auch Pekingkohl, Japankohl und Selleriekohl) ähnelt mehr einer Salatpflanze als einem Kohlkopf. Seine stark gekrausten, hellgrünen bis weißlichen Blätter mit weißer fleischiger Mittelrippe bilden einen ovalen Kopf, der bis zu 4 kg schwer werden kann. Chinakohl hat einen milden Geschmack und enthält weniger Senföl als andere Kohlgemüse. Er hat einen hohen Anteil an Aminosäuren, Vitaminen und Mineralstoffen Obwohl er bereits seit dem 5. Jahrhundert in China kultiviert wird, kam er erst Anfang des 20. Jahrhunderts nach Europa. Bis heute ist er ein typisches asiatisches Gemüse, das in vielen Suppen und Wokgerichten zu finden ist. Chinakohl braucht zum Wachsen höhere Temperaturen und wird deshalb erst ab Mitte Juni bis spätestens Anfang August gesät. Die Ernte kann zwei bis drei Monate nach der Aussaat erfolgen.

Stammkohl

Kohlrabi

Kohlrabi ist auch bekannt als Oberkohlrabi, Oberrübe, Rübkohl und Stängelrübe. Er ist eine oberirdisch wachsende Knolle mit langstängeligen Blättern. Man unterscheidet zwischen dem weißen, milden Kohlrabi und dem blauen Kohlrabi, der würziger schmeckt. Beim weißen Kohlrabi sind die Knolle, die Blätter und die Blattstiele hellgrün, beim blauen Kohlrabi ist die Knolle blauviolett, die Blattadern und Stiele rotblau. Kohlrabi hat einen hohen Anteil an Vitamin C und Mineralstoffen. Ab April kann man ihn im Freiland aussäen. Folgesaaten sind bis Mitte Juli möglich. Zwei bis drei Monate nach der Aussaat können die Knollen geerntet werden. Kohlrabi kann entweder roh oder gedünstet verzehrt werden.

Steckrübe

Die Steckrübe, auch Kohlrübe, hat in Deutschland einen schlechten Ruf. Sie war in Notzeiten ein wichtiger Kohlenhydratlieferant, vor allem im Ersten Weltkrieg. Im sogenannten Steckrübenwinter 1916/1917 war sie für einen Großteil der Bevölkerung das Hauptnahrungsmittel. Das hat vielen den Geschmack an der Kohlrübe gründlich verdorben. Nach Kriegsende verschwand die Rübe von fast allen Speisekarten und war nur noch als »Arme-Leute-Essen« bekannt. Die Steckrübe stammt ursprünglich aus dem Mittelmeergebiet. Die Pflanze besitzt große grün- oder rotköpfige Rüben mit weißem oder gelbem Fleisch. Doch als

Kohlrabi

Gemüse sind nur die gelbfleischigen Sorten geeignet. Im Gegensatz zu ihrem nahen Verwandten, dem Kohlrabi, wächst die Steckrübe unter der Erde und wird deshalb auch manchmal als Unterkohlrabi bezeichnet. Steckrüben haben einen hohen Anteil an Vitamin C, Trauben- und Fruchtzucker, Mineralstoffen, Senfölen und Ballaststoffen.

Kopfkohl

Spitzkohl

Spitzkohl ist ein naher Verwandter des Weißkohls. Er bildet hohe, kegelförmige Köpfe mit dünnen, großlappigen Blättern, die sich leicht ablösen lassen und dezenter und feiner schmecken als Weißkohl. Dank der zarten Blätterstruktur ist er auch leichter verdaulich. Spitzkohl hat im Sommer Saison, die frühen Sorten können bereits im Mai und Juni geerntet werden. In der Küche wird Spitzkohl wie Weißkohl oder Wirsing zubereitet, allerdings ist seine Garzeit kürzer. Eine bei Feinschmeckern beliebte Spezialität ist das Spitzkraut aus der Filderebene, einem bekannten württembergischen Kohlanbaugebiet. Traditionell wird es zu Sauerkraut verarbeitet, das einen besonders feinen, milden Geschmack hat.

Weißkohl

Weißkohl (süddeutsch: Weißkraut) hat einen runden, dicht geschlossenen Kopf aus hellgrünen, wachsartig bereiften Blättern. Der großvolumige Weißkohl wird in Deutschland überwiegend zu Sauerkraut verarbeitet. Er ist ein typisches Herbst- und Wintergemüse. Auch wenn Weißkohl als das deutscheste aller Gemüse gilt: Rund die Hälfte der weltweiten Kohlernte wird in China, Japan und Korea gegessen. Weißkohl weist einen hohen Anteil an Vitamin C, an Mineral- und Ballaststoffen, Zucker und Senfölen auf. Wegen der festen Struktur seiner Blätter ist Weißkohl relativ schwer verdaulich; er wird deshalb häufig mit Kümmel gewürzt, was ihn schmackhafter und bekömmlicher macht.

Rotkohl

Rotkohl (süddeutsch: Blaukraut) ist eine typisch europäische Kohlart, die eng mit dem Weißkohl verwandt ist. Rot- und Weißkohl unterscheiden sich in Geschmack, Farbe und Größe. Weißkohl bildet deutlich größere Köpfe aus als Rotkohl. Die Blätter des Rotkohls sind meistens dunkellila, wobei der Kohlkopf je nach pH-Wert des Bodes seine Farbe ein wenig ändern kann. Rotkohl ist ein typisches Wintergemüse. Gesät wird er, wie der Weißkohl, im Frühjahr, geerntet wird im späten Herbst. In rohem Zustand haben die Rotkohlblätter eine violette Färbung. In vielen norddeutschen Kochrezepten wird dem Rotkohl Wein oder Essig hinzugefügt, wodurch er eine intensiv rote Farbe bekommt. In Süddeutschland fügt man eher Zucker, Johannisbeergelee oder sogar alkalische Zutaten wie Natron zum Kohl. Deshalb verfärbt er sich beim Kochen gar nicht oder ein wenig bläulich. Daher der Name Blaukraut.

Wirsing

Die Blätter des Wirsings sind dunkel- bis hellgrün und stark gekraust. Sie sitzen locker am Strunk, bilden aber dennoch einen Kopf. Botanisch gesehen ist der Wirsing deshalb eine Mischung zwischen Blätterkohl und Kohlkopf. Ursprünglich stammt er aus dem Mittelmeerraum und trägt daher auch den Namen »Chou de Milan«. Wirsing hat einen hohen Anteil an Vitamin B. Als einzige Kohlkopfart ist er winterfest, je nach Sorte schadet ihm auch ein kräftiger Frost nicht. Wirsing wird gedünstet oder geschmort verzehrt.

Rosenkohl

Rosenkohl ist ein Herbst- und Wintergemüse, das erstmals vor rund 100 Jahren in der Nähe von Brüssel gezüchtet wurde. Die Pflanze bildet an einem hochwüchsigen Stängel in spiralförmiger Anordnung kleine Triebknospen. Die Blätter der einzelnen Röschen liegen dicht umeinander und haben eine grün-weiße Färbung.

Wirsing

Rosenkohl ist reich an Mineral- und Ballaststoffen sowie den Vitaminen A, C und B. Je nach Sorte kann Rosenkohl von April bis Mai gesät werden. Frühsorten können schon ab September geerntet werden, Haupterntezeit ist jedoch im November und Dezember. Rosenkohl ist roh ungenießbar.

Infloreszenzkohl

Brokkoli

Brokkoli ist eng verwandt mit dem Blumenkohl. Die beiden unterscheiden sich darin, dass Blumenkohl einen geschlossenen Blütenstand bildet, Brokkoli dagegen einen verhältnismäßig kleinen, lockeren Kopf, der an einem langen, fleischigen Stiel mit großen Blättern sitzt. Man kann diese grünen oder violetten Blütenköpfe öfter ernten. Wenn man den Haupttrieb herausschneidet, wachsen Seitentriebe nach, die wieder Blütenköpfe tragen. Brokkoli ist reich an Vitamin C und Betacarotin und wächst am besten in sonnigen bis halbschattigen Gebieten. Ursprünglich stammt er aus Kleinasien und war in Europa anfangs nur in Italien bekannt. Auch heute noch ist Italien das Hautanbaugebiet.

Blumenkohl

Blumenkohl hat einen gelblich-weißen, fleischigen Kopf mit geschlossenen Kohlröschen, der direkt über dem Boden wächst. Der Kopf ist umgeben von langen, am Rand leicht gewellten Blättern. Damit der Blumenkohlkopf weiß bleibt, wurden seine inneren grünen Hüllblätter früher so umgeknickt oder zusammengebunden, dass kein Licht an den Kopf gelangt und somit kein Chlorophyll gebildet werden kann. Bei modernen Züchtungen schließen sich die äußeren Hüllblätter von selbst. Man kann ihn roh essen, doch meistens wird er gegart angeboten. Aus Italien, Holland, Frankreich und Belgien kommt auch gelbgrüner bis grüner Blumenkohl,. aus Silzilien sogar violetter, der sich beim Kochen grünlich verfärbt.

Mairübe

Romanesco

Der Romanesco ist eine Variante des Blumenkohls, die früher in der Nähe von Rom gezüchtet wurde. Seit dem 16. Jahrhundert wird er auch in Deutschland angebaut. Die turmförmig angeordneten Röschen färben sich während des Wachstums durch Lichteinwirkung grün. Romanesco hat einen höheren Anteil an Vitamin C als Blumenkohl und schmeckt aromatischer.

Pastinake

Die Pastinake stammt aus Europa und war früher ein wichtiges Grundnahrungsmittel. Eine Wildform von ihr findet man heute noch an Wegrändern und in Straßengräben. Die Pastinake ist ein der Karotte ähnliches Wurzelgemüse. Früher wurde sie sehr häufig angebaut, bevor sie von Karotte und Kartoffel verdrängt wurde. Die Pastinakenwurzel ist außen gelb und innen weiß. Ihre hohen Blätter kann man wie Petersilie zum Würzen verwenden. Die Wurzel enthält viele Mineralstoffe, Vitamine und ätherische Öle und schmeckt sehr aromatisch. Haupterntezeit ist von August bis Mitte November.

Speiserübe

Die Speiserübe war schon im antiken Griechenland sowie bei den Römern beliebt. Sie war vor Einführung der Kartoffel eines der wichtigsten Grundnahrungsmittel. Aus kulinarischer Sicht zählt sie zum Wurzelgemüse, botanisch gesehen gehört sie zur Art der Rüben. In der Küchensprache zählen die Mairübe, das Teltower Rübchen aus der Mark Brandenburg, die Herbstrübe, die Stoppelrübe und der Rübstiel, auch Stielmus genannt, zu den Speiserüben. Sie alle haben einen zarten, feinen Geschmack und werden nie roh verzehrt. Die Sorten im Frühjahr sind aromatischer als die späten Sorten. Eine Besonderheit ist der Rübstiel, von dem nur die jungen Blätter gegessen werden. Er wird vorwiegend in Nordrhein-Westfalen angebaut.

Rote Bete, Rote Rübe

Ihre ursprüngliche Heimat ist der Mittelmeerraum, wo sie bereits in der Antike bekannt war. In Deutschland wird die Rote Bete erstmals im 13. Jahrhundert erwähnt. Rote Beten sind ein sehr gesundes Gemüse. Sie sind reich an Kalzium, Magnesium, Kalium, Phosphor, Natrium, Eisen, Schwefel, Jod, Provitamin A und den Vitaminen B1, B2, B6, Niacin und Vitamin C. Sie schmecken leicht erdig, haben aber ein ausgewogenes Zucker-Säure-Verhältnis. Rote Bete wird das ganze Jahr angeboten. Am besten schmecken die saftigen Rüben, wenn sie frisch geerntet werden.

Sellerie

Sellerie gibt es in zwei Varianten, als Knollen- oder Wurzelsellerie und als Staudensellerie. Wir befassen uns hier nur mit dem Knollensellerie. Er wird in ganz Europa angebaut. Die Wildform stammt vermutlich aus den Mittelmeeerländern. Knollensellerie enthält wertvolle Mineralstoffe, Vitamine und ätherische Öle und wird das ganze Jahr über angeboten. Haupternteezeit für heimischen Anbau sind September bis November. Sellerie wird sowohl roh als auch gegart verzehrt.

Topinambur

Topinambur ist eine sonnenblumenähnliche Pflanze, die an den Wurzeln kleine bis mittelgroße Knollen bildet. Im 17. Jahrhundert gelangte sie von Nordamerika nach Europa und verbreitete sich von Frankreich aus in Richtung Osten. Im18. Jahrhundert wurde sie weitgehend von der Kartoffel verdrängt. Im Kreis Celle erfuhr sie in der Nachkriegszeit eine Renaissance. Topinamburknollen entwickeln beim Garen einen nussigen, leicht süßlichen Geschmack, ähnlich dem der Artischocke. Daher wird Topinambur oft auch Erdartischocke genannt. Wegen ihrer sehr dünnen Haut müssen die Knollen nicht geschält werden und können mit der Haut gegessen werden.

Rote Bete

Vorspeisen

Bamigoreng
Gebratene Eiernudeln mit Pak-Choi

Für 4 Personen

2 Hähnchenbrüste
150 g Riesengarnelen
100 g Frühlingszwiebeln
250 Pak-Choi (alternativ Spitzkohl)
2 Schalotten
2 Knoblauchzehen
10 g Ingwer
200 g chinesische Eiernudeln
20 ml Sesamöl, geröstet
80 ml Erdnussöl
1 TL Salz
1 TL Zucker
2 EL helle Sojasauce
50 ml Hühnerbrühe
1 rote Paprikaschote
1 Mango
3 EL Sweet Chili Sauce

Für die Pfannkuchen

50 g Mehl
1 Ei
1 Eigelb
Salz
100 ml Vollmich

Zubereitung

1 Das Fleisch von Haut und Sehnen befreien und in schmale Streifen schneiden. Die Garnelen schälen und entdarmen, anschließend in kleine Stücke schneiden.

2 Die Frühlingszwiebeln und Pak-Choi putzen und waschen. Die Frühlingszwiebeln in feine Ringe und Pak-Choi in Streifen schneiden. Schalotten, Knoblauch und Ingwer schälen und sehr fein hacken.

3 Die Nudeln nach Packungsanweisung kochen.

4 Das Sesam- und Erdnussöl in einem Wok erhitzen und die Nudeln knusprig braten. Herausnehmen. Das Fleisch und die Garnelen anbraten. Herausnehmen. Nun Schalotten, Knoblauch und Ingwer anschwitzen, bis die Schalotten und der Knoblauch glasig sind. Die Frühlingszwiebeln und Pak-Choi zugeben und 1–2 Minuten mitbraten. Anschließend Nudeln, Fleisch und Sojasauce zugeben und die Hühnerbrühe einrühren.

5 Die Paprika waschen, in Viertel schneiden und entkernen, anschließend in kleine Würfel schneiden. Die Mango schälen, vom Kern schneiden und das Fruchtfleisch in kleine Würfel schneiden. Mit der Sweet Chili Sauce vermengen und den Nudeln und dem Fleisch hinzufügen.

6 Aus den genannten Zutaten einen Pfannkuchenteig herstellen und dünne Pfannkuchen backen. Diese in Streifen schneiden.

7 Das Bamigoreng mit den Pfannkuchenstreifen garnieren und servieren.

Rohes Sauerkraut mit Rosinen, gebratenen Birnen und Kasseler

Für 4 Personen

400 g Sauerkraut
1 Schalotte, geschält
2 Karotten, geschält
6 Birnen, geschält
2 EL frisch geriebener Meerrettich
½ TL Cumin
60 g Rosinen, eingeweicht
2 EL Zucker
6 EL Maiskeimöl (+ Öl zum Anbraten)
1 TL Salz
4 EL Honig
200 g Kasseler
1 gespickte Zwiebel

Zubereitung

1 Das Sauerkraut waschen und gegebenenfalls klein schneiden. Schalotte, Karotten und die Hälfte der Birnen auf der feinen Reibe reiben. Mit dem Kraut, Meerrettich, Cumin, Rosinen, Zucker, Maiskeimöl, Salz und der Hälfte des Honigs vermengen und ziehen lassen.

2 So viel Wasser in einen Topf füllen, dass das Kasseler bedeckt ist, und die gespickte Zwiebel einlegen. Zum Kochen bringen und anschließend 15 Minuten bei sehr leichter Hitze simmern lassen.

3 Das Kasseler herausnehmen und in grobe Würfel schneiden. Die restlichen Birnen entkernen und das Fruchtfleisch ebenfalls in Würfel schneiden. Das Kasseler und die Birnen in etwas Öl kurz anbraten. Mit dem restlichen Honig glacieren.

4 Das Sauerkraut auf einen Teller geben und das Kasseler und die Birnen darüber anrichten.

Anmerkung: Gespickte Zwiebel ist ein Begriff aus der Küchensprache. An einer geschälten Zwiebel wird 1 Lorbeerblatt mit 2 Gewürznelken »gespickt«, d. h. festgesteckt.

Forellenfilet mit Rote Bete und Pastinake

Für 4 Personen
4 Forellenfilets à 150 g
4 EL Rapsöl

Für das Gemüse
120 g Rote Bete
120 g Pastinaken
40 g Butter
1 EL weißer Balsamicoessig
abgeriebene Schale und Saft
  von einer ½ Bio-Zitrone
Zucker
Salz
1 EL Petersilie, fein gehackt

Für die Sauce
400 ml Fischfond
4 cl Vermouth
150 g Sahne
25 g Maisstärke
Salz
1 TL frisch geriebener Meerrettich

Zubereitung
1 Die Fischfilets von Haut und Gräten befreien.

2 Die Roten Beten und Pastinaken schälen und in feine Streifen schneiden.

3 Die Butter in einem Topf zerlassen und die Roten Beten sowie Pastinaken dünsten, ohne dass sie Farbe nehmen. Mit dem Essig ablöschen. Den Zitronensaft und -abrieb zugeben. Leicht zuckern und salzen. Die Flüssigkeit einkochen lassen. Das Gemüse sollte noch etwas Biss haben. Sollte es noch zu sehr al dente sein, etwas Wasser angießen und einige Minuten weiterdünsten. Anschließend mit der Petersilie bestreuen.

4 Die Forellenfilets salzen. Das Rapsöl in einer Pfanne erhitzen und die Filets von beiden Seiten anbraten.

5 Den Fischfond aufkochen lassen. Die Stärke mit dem Vermouth und 50 g Sahne verrühren. Die restliche Sahne zum Fischfond geben und nochmals zum Kochen bringen. Die Stärke-Sahne-Mischung einrühren und aufkochen lassen. Mit Salz und Meerrettich würzen.

6 Die Fischfilets auf dem Gemüse anrichten und mit der Sauce überziehen.

Grünkohl-Burger

Für 4 Personen

2 altbackene Brötchen
500 g Grünkohl
1 EL mittelscharfer Senf
1 Ei
3 EL Mehl
100 g Paniermehl
Salz
frisch gemahlener schwarzer Pfeffer
1 Zwiebel
3 EL Pflanzenöl
2 Kohlwürste
4 Roggenbrötchen

Zubereitung

1 Die Brötchen in Wasser einweichen.

2 Den Grünkohl gründlich waschen, die Blätter vom Strunk entfernen und grob hacken. In kochendem Salzwasser 20 Minuten garen. Kalt abschrecken und möglichst sorgfältig auspressen.

3 Die eingeweichten Brötchen gut ausdrücken und mit dem Grünkohl, Senf, Ei, Mehl und Paniermehl vermengen. Mit Salz und Pfeffer würzen.

4 Die Zwiebel schälen und fein hacken. 1 EL Öl erhitzen und die Zwiebeln glasig anschwitzen. Mit dem Grünkohl vermengen.

5 Nun daraus vier Burger formen. Das restliche Öl erhitzen und die Burger von beiden Seiten braten.

6 Die Kohlwürste in leicht gesalzenem Wasser erhitzen. In Scheiben schneiden und mit den Grünkohl-Burgern in die aufgeschnittenen Roggenbrötchen legen.

Kimchi
Gemüse mit Sesam und Lachs

Für 4 Personen

600 g Chinakohl
150 g Rettich
1 TL Ingwer
3 Knoblauchzehen
4 EL Sambal Oelek
1 EL Reisessig
2 EL Honig
2 Karotten
1 Bund Frühlingszwiebeln
12 kleine Brokkoliröschen
1 TL Salz
400 g Lachsfilet ohne Haut
2 EL Sesamsamen, weiß
4 EL Sesamsamen, schwarz
3 EL Sesamöl, geröstet

Zubereitung

1 Vom Kohlkopf äußere unschöne und trockene Blätter entfernen und das untere Ende abschneiden. Die Blätter ablösen, waschen und in schmale Streifen schneiden. Den Rettich schälen und ebenfalls in schmale Streifen schneiden.

2 Den Ingwer und die Knoblauchzehen schälen und sehr fein hacken. Mit Sambal Oelek, Reisessig und Honig vermengen. Die Kohl- und Rettichstreifen darin marinieren. (Traditionell wird der Kohl über mehrere Tage eingelegt.)

3 Die Karotten schälen, waschen und in feine Scheiben schneiden. Die Frühlingszwiebeln waschen, putzen und in Stücke schneiden. Alles zusammen mit den Brokkoliröschen 1–2 Minuten bissfest in sprudelnd kochendem Wasser blanchieren. Kalt abspülen und zu dem Chinakohl und dem Rettich geben. Salzen.

4 Den Lachs salzen und in dem Sesam wälzen. Das Sesamöl in einer Pfanne erhitzen und den Lachs auf beiden Seiten anbraten. Anschließend bei leichter Hitze 4–5 Minuten ziehen lassen und auf dem Gemüse anrichten.

Asiatischer Kohlsalat mit Sesam und gebratenen Garnelen

Für 4 Personen

400 g Spitzkohl, geputzt und gewaschen
1 rote Paprikaschote, gewaschen
    und entkernt
80 g Erdnüsse, geschält
1 Knoblauchzehe, geschält
40 g Sesamsamen, geröstet
4 Prisen Jaipur-Curry
15 ml Limettensaft
2 EL Sesamöl, geröstet
3 EL Teriyakisauce (alternativ helle
    Sojasauce)
2 EL brauner Zucker
3 EL Sweet Chili Sauce
½ Beutel eingelegter japanischer Ingwer
2 EL Maiskeimöl
8 Riesengarnelen, geschält und entdarmt
4 Korianderstängel, die Blätter abgezupft
    und fein gehackt
2 EL Crème fraîche
1 TL Wasabipaste
2 EL Passionsfruchtsaft
2 EL Mayonnaise
Salz
frisch gemahlener schwarzer Pfeffer

Zubereitung

1 Den Spitzkohl und die Paprika in schmale Streifen schneiden. Die Erdnüsse hacken und in einer Pfanne ohne Fett goldgelb rösten. Die Knoblauchzehe fein hacken, mit Salz zerreiben und mit Sesam, Curry, Limettensaft, Sesamöl, Teriyakisauce, Zucker und Sweet Chili Sauce verrühren. Die Marinade mit dem Gemüse vermengen.

2 Den eingelegten Ingwer fein hacken.

3 Das Öl in einer Pfanne erhitzen und die Garnelen 3–4 Minuten braten. Mit dem Ingwer und dem Ingwerfond ablöschen. Abkühlen lassen und mit dem Koriander vermengen.

4 Crème fraîche, Wasabipaste, Passionsfruchtsaft und Mayonnaise verrühren und mit Salz und Pfeffer würzen. Kleine Tupfer davon auf dem Teller verteilen. In der Mitte des Tellers den Kohlsalat anrichten, darauf die Garnelen legen und servieren.

Rotkohlsalat mit Orangen

Für 4 Personen

1 Kopf Rotkohl (ca. 800 g)
10 g Salz
60 g Zucker
5 Bio-Orangen
40 ml Rotweinessig
5 g frisch gemahlener schwarzer Pfeffer
3 EL Honig
60 ml Maiskeimöl
30 ml Haselnussöl
2 EL bittere Orangenkonfitüre
40 g Cashewkerne

Für die karamellisierten Walnüsse

30 g Zucker (alternativ Puderzucker)
20 ml Wasser
60 g Walnusshälften
10 g Butter

Zubereitung

1 Den Kohl von den äußeren Blättern befreien, vierteln und den Strunk entfernen. Den Kohl in sehr feine Streifen schneiden. In einer Schüssel mit Salz und Zucker kräftig kneten.

2 Von den Orangen Zesten abziehen und anschließend die Orangen schälen.

3 Die Orangen filetieren. Den dabei austretenden Saft auffangen. Den Saft mit Essig, Pfeffer, Honig, den beiden Ölsorten und der Konfitüre verrühren. Den Rotkohl mit der Vinaigrette vermengen und 30 Minuten ziehen lassen.

4 In der Zwischenzeit die Cashewkerne in einer Pfanne ohne Fett goldbraun rösten.

5 Für die Walnüsse den Zucker mit dem Wasser mischen und in einer großen Pfanne erhitzen, bis die Lösung kocht. Nun die Walnüsse zugeben und so lange unter ständigem Rühren bei hoher Temperatur erhitzen, bis der Zucker trocken ist. Die Temperatur reduzieren und die Walnüsse weiter erhitzen, bis der Zucker wieder zu schmelzen beginnt. Dabei immer wieder umrühren. Jetzt die Butter hinzufügen und wieder unter ständigem Rühren die Walnüsse so lange erhitzen, bis sie karamellisieren und schön braun werden. Einzeln auf Backpapier zum Auskühlen legen.

6 Die Orangenfilets mit dem marinierten Rotkohl vermengen. Mit den Nüssen bestreuen und servieren.

Waldorfsalat mit Portweinäpfeln und sautierter Geflügelleber in Balsamicoessig

Für 4–6 Personen

1 Knollensellerie (ca. 500 g)
5 säuerliche Äpfel (ca. 800 g)
150 g Walnusskerne
200 g Mayonnaise
Zitronensaft
Salz
frisch gemahlener schwarzer Pfeffer
2 EL Crème fraiche
200 ml Portwein
30 ml Grenadine
2 EL Maiskeimöl
4 Geflügellebern
3 EL Hühnerbrühe
2 EL Balsamicoessig

Außerdem

einige Blattpetersilienstängel,
    gewaschen und die Blätter abgezupft
einige Walnusskerne

Zubereitung

1 Den Sellerie mit einem scharfen Messer schälen, dabei darauf achten, dass keine braunen Stellen mehr zu sehen sind. Anschließend in Streifen schneiden. Die Äpfel schälen, entkernen und das Fruchtfleisch von 3 Äpfeln in Streifen schneiden.

2 Den Sellerie 10 Sekunden in kochendem Wasser blanchieren. Die Nüsse in einer Pfanne ohne Fett rösten und fein hacken. Die Mayonnaise mit Zitronensaft, Salz, Pfeffer und Crème fraîche würzen. Alles miteinander vermengen.

3 Die restlichen Äpfel in Halbmonde schneiden. Den Portwein und die Grenadine auf die Hälfte reduzieren. Die Äpfel zugeben und glacieren.

4 Das Öl in einer Pfanne erhitzen und die Geflügellebern anbraten. Mit Salz und Pfeffer würzen. Die Hühnerbrühe und den Balsamicoessig angießen. Alles zusammen servieren und mit Petersilienblättern und Walnusskernen garnieren.

Rote-Bete-Carpaccio
mit Störfilet und Chinakohl

Für 4 Personen

3 Rote-Bete-Knollen
Salz
1 TL Kümmel
3 EL Maiskeimöl
3 EL Haselnussöl
6 EL Schalottenessig
frisch gemahlener schwarzer Pfeffer
¼ Chinakohl
4 EL Naturjoghurt
2 Prisen Cumin, gemahlen
2 Spritzer Zitronensaft
2 Prisen Zucker
240 g Störfilet
3 EL Buchenholzspäne
3 EL Katenschinken in kleinen Würfeln

Zubereitung

1   Einem breiten Topf Wasser ca. 1 EL Salz und den Kümmel zugeben und die ungeschälten Rote-Bete-Knollen einlegen. Zum Kochen bringen und die Roten Bete weich kochen (bis die Schale sich leicht mit der Hand abstreifen lässt; das dauert etwa 1 Stunde, je nach Größe der Knollen). Auskühlen lassen und mit einem Gemüsehobel oder einer Brotmaschine in feine Scheiben schneiden.

2   Die beiden Ölsorten mit dem Schalottenessig verrühren. Mit je einer Prise Salz und Pfeffer würzen. Anschließend mit einem Pinsel damit die Teller einstreichen und diese mit den Rote-Bete-Scheiben auslegen.

3   Den Chinakohl von den äußeren unschönen und trockenen Blättern befreien und das untere Ende abschneiden. Die Blätter ablösen und quer in sehr feine Streifen scheiden.

4   Aus Joghurt, Cumin, Zitronensaft, Zucker und etwas Salz ein Dressing herstellen und den Chinakohl damit marinieren.

5   Den Stör in vier Stücke portionieren und mit Salz und Pfeffer würzen.

6   Die Buchenholzspäne in einem alten Topf auf den Boden streuen. Ein kleines Kuchengitter hineinlegen und den Stör darauf platzieren. Die Herdplatte auf volle Stufe stellen und den Topf daraufstellen. Sobald es anfängt zu rauchen, zudecken (günstigstenfalls zusätzlich mit Alufolie verschließen). 4–5 Minuten im heißen Rauch garen.

7   Die Katenschinkenwürfel kurz in einer Pfanne ohne Fett anbraten und auf die Roten Beten streuen. Den Stör in die Mitte des Tellers setzen. Drei kleine Häufchen des Chinakohls auf die Roten Beten setzen. Den Stör mit einigen Chinakohlstreifen garnieren und servieren.

Süßsauer eingelegte Steckrübe mit Forellenknödel

Für 4 Personen

600 g Steckrüben
2 Schalotten
3 EL Maiskeimöl
½ TL Ingwer, fein gehackt
2 EL Honig
6 EL Schalottenessig
60 g Zucker
1 l Rindfleischbrühe
2 Sternanise
4 geräucherte Forellenfilets
6 EL Crème fraîche
1 TL Salz
1 TL Dill, fein gehackt
200 g Kürbiskerne, geröstet und gehackt
12 Feldsalatröschen, gewaschen
1 Granatapfel
2 EL Kürbiskernöl nach Belieben

Zubereitung

1 Die Steckrüben schälen und zuerst in Scheiben und anschließend in Streifen schneiden. Die Schalotten schälen und fein hacken.

2 1 EL Maiskeimöl in einem großen Topf erhitzen und die Schalotten glasig anschwitzen. Die Steckrüben zugeben und Ingwer, Honig, 5 EL des Essigs, Zucker, Brühe und die Sternanise hinzufügen. Zugedeckt 10–12 Minuten dünsten.

3 Die Forellenfilets von Haut und Gräten befreien. Die Crème fraîche mit dem restlichen Essig, Salz und Dill cremig aufschlagen. Nun die Forellenfilets klein zupfen und beides miteinander vermengen. Zu Kugeln formen und in den Kürbiskernen wälzen.

4 Etwas Steckrübenfond mit dem restlichen Öl verrühren und den Feldsalat damit marinieren.

5 Nun die Steckrüben auf den Tellern anrichten. Granatapfelkerne darüberstreuen. Jeweils drei Feldsalatröschen auf einen Teller legen. Den Knödel jeweils in die Mitte setzen. Den Teller nach Belieben mit etwas Kürbiskernöl nappieren.

Coleslaw
Weißkohl-Karottensalat

Für 4 Personen

2 EL Zucker
½ TL Salz
4 Prisen frisch gemahlener
   schwarzer Pfeffer
80 g Sahne
5 EL Mayonnaise
100 ml Buttermilch
2 EL Weißweinessig
4 EL Zitronensaft
½ Kopf Weißkohl (ca. 500 g)
4 Karotten

Zubereitung

1 Zucker, Salz, Pfeffer, Sahne, Mayonnaise, Buttermilch, Essig und Zitronensaft glatt rühren.

2 Den Kohl von den äußeren unschönen Blättern befreien und den Strunk heraus-schneiden. Den Kohl in feine Streifen schnei-den. Die Karotten schälen und waschen, anschließend raspeln.

3 Alles miteinander sorgfältig vermengen, zudecken und kühl stellen. Mindestens 2 Stunden ziehen lassen.

Chinakohl-Wrap mit Karotte und Avocado

Für 4 Personen

1 Chinakohl (ca. 800 g)
2 Karotten
1 EL Sesamöl
2 Hähnchenbrüste
1 Knoblauchzehe
2 cm Ingwer
1 TL Sesamsamen
2 EL Olivenöl
1 TL Sojasauce
1 Avocado
150 g Crème fraîche
Saft von einer ½ Limette
Salz
frisch gemahlener schwarzer Pfeffer
1 TL Wasabipaste
    (+ Wasabipaste zum Würzen)
½ Bund Basilikum

Zubereitung

1 Acht große, möglichst grüne Blätter vom Chinkohl entfernen. Die Blätter waschen. Das untere Ende des Kohls abschneiden und den Kohl ebenfalls waschen. In feine Streifen schneiden. Die Karotten schälen und waschen. Ebenfalls in feine Streifen schneiden.

2 Das Sesamöl in einem Topf erhitzen und die Chinakohl- und Karottenstreifen unter ständigem Rühren garen, bis die Chinakohlstreifen zusammenfallen.

3 Die Hähnchenbrüste von Haut und Sehnen befreien und in schmale Streifen schneiden.

4 Die Knoblauchzehe und den Ingwer schälen und fein hacken. Mit dem Sesam vermengen.

5 Das Olivenöl in einer Pfanne erhitzen und den Knoblauch glasig anschwitzen. Den Ingwer und die Hähnchenbrüste hinzufügen und scharf anbraten. Nun die Sojasauce zugeben und mit dem Kohl und den Karotten vermengen.

6 Die Avocado schälen und in Würfel schneiden. Die Crème fraîche mit dem Limettensaft, Salz, Pfeffer und etwas Wasabipaste würzen.

7 Die ganzen Chinakohlblätter ausbreiten und mit dem Hähnchenfleisch und dem Gemüse belegen. Die Avocadowürfel darauf verteilen.

8 Das Basilikum waschen und trocken schütteln. Die Blätter von den Stängeln zupfen und in feine Streifen schneiden. Auf die Füllung geben.

9 Wasabicreme auf jeden Wrap geben und den Wrap ganz fest einrollen. Mit der restlichen Wasabicreme zusammen servieren.

Rote-Bete-Salat
mit Kokos und Apfel

Für 4 Personen
300 g Rote Bete
4 säuerliche Äpfel
100 g Vollmilchjoghurt
100 ml Kokosmilch
1–2 TL Honig
Salz
frisch gemahlener schwarzer Pfeffer
2 EL Zitronensaft
½ rote Zwiebel
1 Schale Gartenkresse
4 EL Kokosraspeln

Zubereitung
1   Die Roten Beten in leicht gesalzenem Wasser 1 Stunde weich kochen. Die Schale abstreifen und die Knollen in Streifen schneiden.
2   Die Äpfel schälen, entkernen und grob raspeln.
3   Joghurt, Kokosmilch, Honig, Salz, Pfeffer und Zitronensaft verrühren.
4   Die Zwiebel schälen und fein hacken, mit den Äpfeln und den Roten Beten in die Marinade geben.
5   Den Salat auf dem Teller anrichten und mit der Gartenkresse und den Kokosraspeln bestreuen.

Spitzkohlsalat
mit rotem Rettich

Für 4 Personen

500 g Spitzkohl
3 rote Rettiche
2 Knoblauchzehen
½ Zwiebel
1 säuerlicher Apfel
4 EL weißer Balsamicoessig
3 EL Pflanzenöl
1 TL Zucker
1 TL Salz
2 Prisen Cumin, gemahlen
4 Scheiben Bauernbrot
4 EL Griebenschmalz
1 Bund Schnittlauch

Zubereitung

1 Den Spitzkohl von den äußeren unschönen Blättern befreien und den Strunk herausschneiden. Den Kohl in feine Streifen schneiden. Kochendes Wasser über die Kohlstreifen gießen. Anschließend sorgfältig trocken tupfen.

2 Die Rettiche waschen und ebenfalls in feine Streifen schneiden. Die Knoblauchzehen schälen und fein hacken. Die Zwiebel schälen und in feine Streifen schneiden.

3 Den Apfel schälen, entkernen und grob reiben. Alles mit Essig, Öl, Zucker, Salz und Cumin vermengen und 1 Stunde ziehen lassen.

4 Das Brot toasten und mit dem Schmalz bestreichen.

5 Den Schnittlauch waschen und trocken schütteln. In Röllchen schneiden.

6 Den Kohlsalat auf dem Brot anrichten und mit den Schnittlauchröllchen bestreuen.

Suppen

Irish Stew

Für 4 Personen
1,5 kg Lammschulter
2 EL Pflanzenöl
80 g Schalotten
1 Knoblauchzehe
1,5 l Rindfleischbrühe
1 TL Kümmel
einige schwarze Pfefferkörner
400 g Kartoffeln
200 g Steckrüben
200 g Karotten
500 g Spitzkohl
Salz
3 EL Petersilie, fein gehackt

Zubereitung

1 Die Lammschulter in 1½ cm große Würfel schneiden. Das Öl in einem Topf erhitzen und die Fleischwürfel rundum anbraten.

2 Die Schalotten und die Knoblauchzehe schälen und fein hacken. Zufügen und goldgelb anschwitzen. Mit der Rindfleischbrühe auffüllen und 1¼ Stunden köcheln lassen. Den Kümmel zusammen mit ein paar Pfefferkörnern in einem Teeei dazugeben.

3 Kartoffeln, Steckrüben und Karotten schälen, waschen und in 1 cm große Würfel schneiden. In den Topf mit der Rindfleischbrühe geben und 5 Minuten köcheln lassen.

4 In der Zwischenzeit den Spitzkohl vorbereiten. Hierfür die äußeren Blätter entfernen und den Strunk herausschneiden. Den Kohl in Würfel schneiden und zur Suppe geben. Nochmals 10 Minuten köcheln lassen. Salzen und mit der Petersilie bestreuen.

5 Das Teeei entfernen und das Irish Stew servieren.

Sauerkrautsuppe mit Tomaten, Paprika und Kohlwurst

Für 4 Personen

200 g Sauerkraut
80 g Schalotten
2 EL Pflanzenöl
50 g Speckwürfel
½ rote Paprikaschote
100 ml Riesling
750 ml Rindfleischbrühe
4 Tomaten
Salz
Zucker
1 TL Kümmel
1 Lorbeerblatt
1 Knoblauchzehe
4 Kohlwürste

Außerdem

Schnittlauchröllchen nach Belieben

Zubereitung

1 Das Sauerkraut waschen, sorgfältig abtropfen lassen und grob hacken. Die Schalotten schälen und fein hacken.

2 Das Öl in einem Topf erhitzen und die Schalotten sowie die Speckwürfel glasig anschwitzen.

3 Die Paprikaschote waschen, entkernen und in Würfel schneiden. Zusammen mit dem Sauerkraut zu den Speck-Schalotten-Würfeln geben. Mit dem Riesling ablöschen und mit der Rindfleischbrühe auffüllen. Zum Kochen bringen.

4 Die Tomaten waschen und die grünen Stielansätze entfernen. Mit etwas Salz und Zucker fein pürieren. Durch ein Sieb direkt zum Sauerkraut geben. Bei leichter Hitze 45 Minuten köcheln lassen.

5 Anschließend den Kümmel und das Lorbeerblatt in einem Teeei zur Suppe geben. Die Knoblauchzehe schälen, fein hacken und ebenfalls zur Suppe geben.

6 Die Kohlwürste während der letzten 15 Minuten in der Suppe mitkochen. Herausnehmen, in Scheiben schneiden und wieder in die Suppe geben. Das Teeei entfernen und die Suppe servieren. Nach Belieben mit Schnittlauchröllchen bestreuen.

Spitzkohlsuppe
mit Zitronengras und Ingwer

Für 4 Personen

200 g Tomaten
Salz
Zucker
250 g Spitzkohl
100 g Karotten
1 rote Paprikaschote
100 g Kohlrabi
100 g Lauch
1 EL Olivenöl
1 TL Jaipur-Curry
1 Knoblauchzehe, fein gehackt
1 TL frisch geriebener Ingwer
1 l Gemüsebrühe
4 Zitronengrasstängel
3 EL japanische Sojasauce
Cayennepfeffer

Zubereitung

1 Die Tomaten waschen und den grünen Stielansatz entfernen. In Stücke schneiden und mit Salz und Zucker mit dem Stabmixer pürieren. Anschließend durch ein Haarsieb passieren.

2 Den Kohl von den äußeren Blättern befreien und den Strunk herausschneiden. Den Kohl in schmale Streifen scheiden.

3 Die Karotten schälen, waschen und in feine Scheiben schneiden. Die Paprika waschen, entkernen und in schmale Streifen schneiden. Den Kohlrabi schälen und in feine Scheiben schneiden. Den Lauch sorgfältig waschen und den weißen/hellgrünen Teil in feine Ringe schneiden.

4 Das Olivenöl in einem Topf erhitzen und die Paprikastreifen anschwitzen. Mit dem Curry bestäuben und den Knoblauch sowie den Ingwer zugeben. Mit den pürierten Tomaten und der Brühe auffüllen und zum Kochen bringen. Kohlrabi, Karotten und Zitronengras (für besseres Aroma etwas angeklopft) hinzufügen. Einmal aufkochen und anschließend 20 Minuten ziehen lassen.

5 Das Zitronengras entfernen. Die Suppe nochmals aufkochen lassen und anschließend den Lauch und den Spitzkohl zugeben. Weitere 8–10 Minuten köcheln lassen. Mit Sojasauce und Cajennepfeffer würzen und servieren.

Steckrübensuppe mit Sternanis und mediterranem Gemüsespieß

Für 4 Personen
Für die Suppe
350 g Steckrüben
200 g Karotten
80 g Schalotten
1 Knoblauchzehe
2 EL Olivenöl
3 Sternanise
750 ml Rindfleischbrühe
Salz
frisch gemahlener schwarzer Pfeffer
100 g Sahne

Für den Gemüsespieß
½ rote Paprikaschote, entkernt
¼ große Zucchini
4 schwarze Oliven, entkernt
4 Schafskäsewürfel
2 EL Olivenöl

Außerdem
3 EL Petersilie, fein gehackt
   nach Belieben

Zubereitung
1 Die Steckrüben und die Karotten schälen, waschen und in grobe Würfel schneiden. Die Schalotten und die Knoblauchzehe schälen und fein hacken.

2 Das Olivenöl in einem Topf erhitzen und die Schalotten sowie den Knoblauch glasig anschwitzen. Karotten, Steckrüben und Sternanise zugeben. Mit der Rindfleischbrühe knapp bedeckt auffüllen und 20 Minuten köcheln lassen. Anschließend vom Herd nehmen und weitere 15 Minuten ziehen lassen. Die Sternanise entfernen.

3 Die Suppe mit dem Stabmixer pürieren und durch ein Haarsieb passieren. Mit Salz und Pfeffer würzen und die Sahne einrühren.

4 Für den Gemüsespieß die Paprika und die Zucchini in jeweils vier Stücke schneiden. Abwechselnd mit den Oliven und dem Schafskäse auf einen Spieß stecken. Das Olivenöl in einer großen Pfanne erhitzen und die Spieße rundum braten.

5 Die Suppe in einem tiefen Teller anrichten und ggf. mit der Petersilie bestreuen. Den Spieß darüberlegen und servieren.

Petersilienwurzelsuppe mit Entenbruststreifen

Für 4 Personen

500 g Petersilienwurzeln
80 g Schalotten
2 EL Pflanzenöl
50 g Speckwürfel
800 ml Hühnerbrühe
200 g Sahne
1 Bund Blattpetersilie
2 Entenbrüste, geräuchert
Salz
frisch gemahlener schwarzer Pfeffer
2 EL Pinienkerne, geröstet

Zubereitung

1 Die Petersilienwurzeln schälen und in grobe Stücke schneiden. Die Schalotten schälen und fein hacken.

2 Das Öl in einem Topf erhitzen und den Speck und die Schalotten anbraten. Die Petersilienwurzeln zugeben und 5 Minuten dünsten. Mit der Brühe auffüllen und 20 Minuten köcheln lassen. Kurz vor Ende der Garzeit die Sahne hinzufügen.

3 Die Petersilie waschen. Die Blätter von den Stängeln zupfen. 10 Minuten in leicht gesalzenem sprudelnd kochendem Wasser weich garen. Abgießen und zu der Petersilienwurzelsuppe geben. Mit dem Stabmixer fein pürieren und durch ein Haarsieb passieren. Mit Salz und Pfeffer würzen.

4 Die Suppe in tiefen Tellern anrichten. Die Entenbrüste hauchdünn aufschneiden und auf die Suppe legen. Die Pinienkerne darüberstreuen und servieren.

Grünkohlsuppe
mit Rauchlachsravioli

Für 4 Personen
Für die Suppe
80 g Schalotten
2 Knoblauchzehen
500 g Grünkohl
2 EL Schmalz
50 g Speckwürfel
1 ½ l heiße Gemüsebrühe
200 g Sahne
150 g Frischkäse
Salz
frisch gemahlener schwarzer Pfeffer
Zucker
3 EL weißer Balsamicoessig

Für die Ravioli
100 g Rauchlachsscheiben
2 Eigelb (die Eiweiße aufheben)
1 EL Schnittlauch, in Röllchen geschnitten
Nudelteig (siehe das Grundrezept
    Seite 156)

Zubereitung
1 Die Schalotten und die Knoblauchzehen schälen und fein hacken. Den Grünkohl putzen, sehr gründlich waschen, abtropfen lassen und fein hacken.

2 Das Schmalz in einem breiten Topf zerlassen und Schalotten, Knoblauch und Speck anbraten.

3 Den Grünkohl in sprudelnd kochendem Wasser blanchieren, abgießen und zugeben. Zugedeckt etwa 15 Minuten schmoren. Die Brühe angießen und weitere 15 Minuten köcheln lassen.

4 Ein Drittel des Kohls herausnehmen und beiseitestellen. Die Sahne und 100 g Frischkäse zur Suppe zugeben. Anschließend mit dem Stabmixer fein pürieren und mit Salz, Pfeffer, Zucker und Essig würzen.

5 In der Zwischenzeit die Rauchlachsscheiben in kleine Würfel schneiden. Mit den Eigelben, Schnittlauch und dem restlichen Frischkäse vermengen. Den Nudelteig hauchdünn ausrollen, mit Eiweiß einstreichen und zwölf Häufchen von der Rauchlachsmasse darauf verteilen. Eine weitere Schicht Nudelteig darauflegen. Den Teig um die Häufchen gut andrücken und rund ausstechen. Die Ravioli 3–4 Minuten in siedendem Salzwasser garen.

6 Die Suppe mit dem Pürierstab nochmals schaumig aufmixen, das beiseitegestellte Drittel Grünkohl zugeben und in tiefen Tellern anrichten. Je drei Ravioli pro Person in die Suppe geben.

Brokkolisuppe mit Tomaten-Mozzarella-Crostini

Für 4 Personen
Für die Suppe
50 g Schalotten
450 g Brokkoli
1 EL Butter
600 ml Hühnerbrühe
50 g Frischkäse
100 g Sahne
Salz
frisch gemahlener schwarzer Pfeffer

Für die Crostini
4 Baguettescheiben
2 EL Olivenöl
1 Fleischtomate
½ Kugel Büffelmozzarella
2 Basilikumblätter, in schmale Streifen
    geschnitten
1 Spritzer weißer Balsamicoessig
Salz
frisch gemahlener schwarzer Pfeffer

Zubereitung

1 Die Schalotten schälen und fein hacken. Den Brokkoli waschen und putzen, anschließend grob zerkleinern.

2 Die Butter in einem Topf zerlassen und die Schalotten glasig anschwitzen. Mit der Brühe ablöschen. Aufkochen lassen und den Frischkäse und die Sahne zugeben. Den Brokkoli hinzufügen und 5 Minuten köcheln lassen. Mit dem Stabmixer pürieren und anschließend durch ein Haarsieb passieren. Mit Salz und Pfeffer würzen.

3 Den Backofen auf 175 °C vorheizen.

4 Die Baguettescheiben mit dem Olivenöl beträufeln und im heißen Ofen 4 Minuten rösten.

5 Die Tomate häuten und entkernen. Aus dem Tomatenfleisch Brunoise (kleine Würfel) schneiden. Den Mozzarella ebenfalls in Würfel schneiden. Die Tomaten- und Mozzarellawürfel mit Basilikum, Essig, Salz und Pfeffer würzen und auf den Baguettescheiben verteilen. Nochmals 2 Minuten in den heißen Ofen geben und zur Suppe servieren.

Borschtsch von der Ente

Für 6 Personen

4 Entenkeulen
Salz
frisch gemahlener schwarzer Pfeffer
1 kg Enten- oder Gänseschmalz
    (+ Schmalz für das Gemüse)
2 Knoblauchzehen, zerdrückt
2 Thymianzweige
50 g Schalotten
1 Lauch
1 Pastinake
150 g Karotten
1 Wirsing (ca. 1 kg)
500 g Rote-Bete-Knollen
600 ml Hühnerbrühe
Zucker
2 EL Balsamicoessig

Außerdem

2 EL Crème fraîche
6 Korianderstängel
    nach Belieben

Zubereitung

1 Den Backofen auf 135 °C vorheizen.
2 Die Entenkeulen mit Salz und Pfeffer einreiben. Das Enten- oder Gänseschmalz in einer großen hitzebeständigen Pfanne zerlassen und die Keulen einlegen. Den Knoblauch und die Thymianzweige hinzufügen. Im heißen Ofen zugedeckt 1½ Stunden garen.
3 Anschließend die Entenkeulen herausnehmen und von Haut und Knochen befreien. Das Fleisch in kleine Stücke zupfen.
4 Die Schalotten schälen und fein hacken. Den Lauch sorgfältig waschen und putzen. Danach den weißen/hellgrünen Teil in kleine Würfel schneiden. Die Pastinake und 50 g Karotten schälen, waschen und ebenfalls in kleine Würfel schneiden.
5 Etwas Enten- oder Gänseschmalz zerlassen und die Gemüsewürfel weich dünsten. Mit dem Entenfleisch vermengen.
6 In der Zwischenzeit den Wirsing putzen. Hierfür die äußeren welken Blätter entfernen und den Kohlkopf waschen. Den Strunk herausschneiden. Vier der äußeren Blätter in sprudelnd kochendem Wasser 8 Minuten weich kochen. Den restlichen Wirsing in Streifen schneiden.
7 Das Entenfleisch in die Wirsingblätter einschlagen.
8 Die restlichen Karotten schälen, waschen und anschließend in kleine Rauten schneiden. Die Rote-Bete-Knollen waschen, schälen und in kleine Würfel schneiden. Die Hühnerbrühe in einem Topf aufkochen lassen und die Rote-Bete-Würfel und die Wirsingstreifen zufügen. 12 Minuten köcheln lassen. Nach ca. 5 Minuten der Garzeit die Karotten zugeben. Mit Salz, Pfeffer, etwas Zucker und Balsamicoessig würzen.
9 Die Wirsingbällchen mit dem Entenfleisch und etwas Borschtsch erhitzen und in einem tiefen Teller anrichten. Nun den Borschtsch angießen und evtl. eine kleine Nocke Crème fraîche auf das Wirsingbällchen geben. Ggf. mit einem Korianderstängel garnieren.

Rote-Bete-Suppe mit Zucchini Royale und Saiblingstatar

Für 4 Personen

Für die Rote-Bete-Suppe

2 Schalotten
1 EL Pflanzenöl
4 Rote-Bete-Knollen, gekocht
50 ml Weißwein
100 ml Gemüsebrühe
200 g Sahne
Salz
frisch gemahlener schwarzer Pfeffer
1 EL Crème fraîche

Für die Zucchini Royale

2 Zucchini
1 EL Pflanzenöl
3 Eier
80 g Sahne
Salz
frisch gemahlener schwarzer Pfeffer
1 EL Schnittlauch, in Röllchen geschnitten

Für das Tatar

2 Saiblingsfilets
Saft von 1 Limette
1 TL Olivenöl
Salz
frisch gemahlener schwarzer Pfeffer

Zubereitung

1 Für die Rote-Bete-Suppe die Schalotten schälen und fein hacken. Das Öl in einem Topf erhitzen und die Schalotten glasig anschwitzen. Die Roten Beten in grobe Stücke schneiden und hinzufügen. Mit dem Weißwein ablöschen, kurz einkochen lassen und mit der Gemüsebrühe und der Sahne auffüllen. Mit dem Stabmixer pürieren, mit Salz und Pfeffer würzen und mit der Crème fraîche verfeinern.

2 Den Backofen auf 120 °C vorheizen.

3 Für die Zucchini Royale die Zucchini waschen und die vordere Kappe und das Stielende abschneiden. Anschließend in kleine Würfel schneiden. Das Öl in einem Topf erhitzen und die Zucchiniwürfel anschwitzen. Herausnehmen und auf Küchenpapier abtropfen und abkühlen lassen. Die Eier und die Sahne verquirlen und mit Salz und Pfeffer würzen. Den Schnittlauch und die Zucchiniwürfel unterrühren. In ein Glas oder einen tiefen Teller füllen und im heißen Ofen etwa 20 Minuten stocken lassen.

4 Die Saiblingsfilets in kleine Würfel schneiden und mit Limettensaft, Olivenöl sowie Salz und Pfeffer würzen.

5 Die Suppe mit einem Stabmixer aufschäumen. Die Zucchini Royale in einen tiefen Teller geben und die Suppe angießen. Eine Nocke Saiblingstatar daraufsetzen und servieren.

Rotkrautconsommé
mit Geflügelleberknödel

Für 4 Personen
Für die Consommé

1 Kopf Rotkohl
1 Fenchelknolle
50 ml Sherry (+ Sherry zum Abschmecken)
80 ml heller Portwein
1 TL Wacholderbeeren
1 l Fleischbrühe (Rindfleisch- oder
Hühnerbrühe)
Salz

Für die Leberknödel

1 EL Pflanzenöl
25 g Schalotten, fein gehackt
25 g Lauchwürfel
50 g Weißbrotwürfel
1 Ei
150 g Geflügelleber,
in kleine Würfel geschnitten
Salz
frisch gemahlener schwarzer Pfeffer
1 EL Petersilie, fein gehackt

Zubereitung

1 Den Kohl von den äußeren Blättern befreien, vierteln und den harten Strunk entfernen. In sehr feine Streifen schneiden. Den Fenchel waschen und den Strunkansatz dünn abschneiden. In feine Streifen schneiden.

2 Die Kohl- und Fenchelstreifen mit Sherry, Portwein und Wacholderbeeren in einen Topf geben. Die Brühe angießen und aufkochen lassen. Bei leichter Hitze 2 Stunden sieden lassen. Mit dem Pürierstab kurz anmixen und anschließend durch ein Tuch (oder einen Kaffeefilter) abseihen. Mit Salz und etwas Sherry abschmecken.

3 Für die Knödel das Öl in einer Pfanne erhitzen und die Schalotten- und Lauchwürfel anschwitzen. Herausnehmen und mit dem Weißbrot in einer Schüssel vermengen. Das Ei darüberschlagen und die Leber unter die Brot-Ei-Masse heben. Alles in einer Moulinette mixen und mit Salz und Pfeffer würzen. Die Petersilie unterrühren und Klößchen formen. In der siedenden Rotkrautbrühe gar ziehen lassen.

4 Die Suppe in tiefen Tellern anrichten, die Klößchen hineinlegen und servieren.

Marokkanische Kohlsuppe mit weißen Rüben

Für 4 Personen

300 g Spitzkohl
1 rote Paprikaschote
2 Tomaten am Zweig
6 Okraschoten
4 weiße Rüben
2 EL Maiskeimöl
2 Knoblauchzehen, fein gehackt
1 EL Couscousgewürz
700 ml Gemüsebrühe
300 ml Tomatensaft
Salz
frisch gemahlener schwarzer Pfeffer
abgeriebene Schale von 1 Bio-Zitrone
2 EL getrocknete Aprikosen, in kleine Würfel geschnitten

Zubereitung

1 Den Kohl von den äußeren Blättern befreien und den Strunk herausschneiden. Anschließend den Kohl in Streifen schneiden. Die Paprika waschen und entkernen. In schmale Streifen schneiden. Die Tomaten waschen und den Stielansatz entfernen. Die Tomaten oben kreuzweise einschneiden, anschließend überbrühen, die Haut abziehen und das Tomatenfleisch ebenfalls in Streifen schneiden. Die Okraschoten überbrühen, den Stielansatz kappen und das Gemüse in sechs Stücke schneiden. Die Rüben schälen und in Streifen schneiden.

2 Das Maiskeimöl erhitzen und den Knoblauch und das Couscousgewürz anschwitzen. Kohl, Paprika und Rüben zugeben. Die Gemüsebrühe und den Tomatensaft angießen und zum Kochen bringen. 2–3 Minuten köcheln lassen.

3 Anschließend die Okraschoten und die Tomaten zugeben und mit Salz und Pfeffer würzen. Mit Couscousgewürz zusätzlich abschmecken. Den Zitronenabrieb sowie die Aprikosen zugeben und servieren.

Blumenkohlrahmsuppe Dubary

Für 4 Personen
30 g Butter
35 g Mehl
750 ml Hühnerbrühe
250 g Blumenkohl, in Röschen zerteilt
200 ml Vollmilch
40 g Sahne
1 Eigelb

Zubereitung

1 Aus der Butter und dem Mehl eine helle Mehlschwitze herstellen. Mit der Brühe auffüllen und zum Kochen bringen.

2 Die Blumenkohlröschen zugeben und 12 Minuten köcheln lassen. Mit dem Stabmixer fein pürieren und anschließend durch ein Sieb passieren.

3 Die Milch angießen und nochmals aufkochen lassen. Die Sahne mit dem Eigelb verrühren und die Suppe damit legieren. Nicht mehr kochen lassen.

4 Die Suppe in tiefen Tellern oder Tassen servieren.

Rettich-Kartoffel-Suppe mit Pfefferbeißer

Für 4 Personen
400 g Kartoffeln
2 Schalotten
1 Knoblauchzehe
3 EL Olivenöl
600 ml Rindfleischbrühe
300 g schwarzer Rettich
200 g Sahne
2 Pfefferbeißer (Würstchen)
Salz
frisch gemahlener schwarzer Pfeffer
½ Bund Schnittlauch

Zubereitung

1   Die Kartoffeln schälen und in Würfel schneiden. Die Schalotten und die Knoblauchzehe schälen und sehr fein hacken.

2   Das Olivenöl erhitzen und die Kartoffeln mit den Zwiebeln und dem Knoblauch andünsten. Die Rindfleischbrühe angießen und 15 Minuten kochen lassen.

3   Den Rettich schälen. Ein Fünftel davon zurückbehalten (es wird später gerieben) und den Rest in feine Scheiben schneiden. Zu den Kartoffeln geben und 4 Minuten mitkochen. Die Sahne hinzufügen und mit Salz und Pfeffer würzen. Mit dem Stabmixer fein pürieren.

4   Die Pfefferbeißer in mundgerechte Stücke schneiden und zur Suppe geben. Den Schnittlauch waschen und trocken schütteln. In Röllchen schneiden.

5   Die Suppe in vier Teller verteilen und etwas frisch geriebenen Rettich sowie Schnittlauchröllchen darübergeben.

Pichelsteiner Wirsing-Eintopf

Für 4 Personen
250 g Lammfleisch (Schulter)
250 g Schweineschulter
500 g Rinderschaufelbraten
1 l Rindfleischbrühe
160 g Ochsenmark
200 g Karotten
200 g Sellerieknolle
300 g Kartoffeln
2 mittelgroße Zwiebeln
1 Kopf Wirsing
4 EL Petersilie, fein gehackt
Salz
frisch gemahlener schwarzer Pfeffer

Zubereitung

1   Das Fleisch in Würfel schneiden. Die Brühe erhitzen, das Fleisch und das Ochsenmark hinzufügen. In der Brühe 1½ Stunden simmern lassen.

2   Die Karotten und den Sellerie schälen und in einen ½ cm große Würfel schneiden.

3   Die Kartoffeln schälen und in 1 cm große Würfel schneiden. Die Zwiebeln schälen und fein hacken.

4   Vom Wirsing die äußeren unschönen Blätter entfernen. Den Strunk herausschneiden und den Kohl in feine Streifen schneiden.

5   Das Gemüse und die Kartoffeln 15 Minuten vor Ende der Garzeit des Fleisches dazugeben und mitkochen. Mit Salz und Pfeffer würzen, mit der Petersilie bestreuen und servieren.

Kohlcremesuppe mit Parmesan und getrockneten Tomaten

Für 4 Personen
½ Kopf Weißkohl (ca. 300 g)
80 g Petersilienwurzeln
1 Knoblauchzehe
2 EL Olivenöl
600 ml Gemüsebrühe
100 g Frischkäse
100 g Sahne
Salz
frisch gemahlener schwarzer Pfeffer
3 EL getrocknete Tomaten in Öl
100 g Parmesan
einige Rucolablätter

Zubereitung
1 Von der Kohlkopfhälfte die äußeren Blätter entfernen, waschen und halbieren. Den Strunk herausschneiden. Anschließend jede Hälfte in schmale Streifen schneiden. Die Petersilienwurzeln und die Knoblauchzehe schälen und grob schneiden.
2 Das Olivenöl in einem Topf erhitzen und Kohlstreifen, Petersilienwurzelstücke und Knoblauch anschwitzen. Mit der Brühe auffüllen und zum Kochen bringen. 10 Minuten köcheln lassen. Anschließend mit dem Stabmixer fein pürieren und durch ein Haarsieb passieren. Den Frischkäse und die Sahne zugeben, aufkochen lassen und mit Salz und Pfeffer würzen.
3 Die Tomaten sorgfältig ausdrücken und das Öl auffangen. Die Tomaten fein hacken, in die Suppe geben und in tiefen Tellern anrichten. Ein paar Tropfen des Tomatenöls in die Suppe geben und den Parmesan darüberhobeln. Mit ein paar Rucolablättern garnieren und servieren.

Fisch

Kabeljau im Wirsingblatt mit Senfsauce und Rote Bete

Für 4 Personen
½ **Kopf Wirsing**
2 EL Butter
600 g Kabeljaufilet, entgrätet
Salz
frisch gemahlener schwarzer Pfeffer
4 EL Senf
1 Rote-Bete-Knolle
2 Kartoffeln
1 Schalotte
300 ml Fischfond
100 g Sahne

Zubereitung

1 Die äußeren welken Blätter vom Wirsing entfernen. Den Wirsing waschen und den Strunk herausschneiden.

2 Vier große äußere Wirsingblätter vom Kohl entfernen, waschen und in Salzwasser weich kochen. Unter fließendem kaltem Wasser abschrecken und auf ein Küchentuch legen. Leicht platt klopfen.

3 Den restlichen Wirsing in kleine Würfel schneiden. 1 EL Butter zerlassen und den Wirsing dünsten. Auf jedes der vier Wirsingblätter Wirsingwürfel geben.

4 Den Kabeljau in vier Portionen schneiden und mit Salz und Pfeffer würzen. Mit 2 EL Senf einstreichen und im Wirsingblatt fest einschlagen.

5 Die Rote Bete in leicht gesalzenem Wasser weich kochen. Herausnehmen und schälen. Anschließend in 1 cm große Würfel schneiden. Die Kartoffeln schälen und in ebenso große Würfel schneiden. In leicht gesalzenem Wasser weich kochen. Anschließend beide Gemüse miteinander vermengen.

6 Die Schalotte schälen und fein hacken. Die restliche Butter zerlassen und die Schalotten glasig anschwitzen. Den Fischfond und die Sahne zugeben und aufkochen lassen. Den restlichen Senf zugeben. Nicht mehr kochen! Die Sauce mit dem Pürierstab aufmixen.

7 Den Kabeljau 10 Minuten dämpfen und auf dem Rote-Bete-Ragout anrichten. Die Sauce darübergeben und servieren.

Seezunge Finkenwerder Art
mit Rote Bete

Für 4 Personen

1 Seezunge (ca. 1 kg)
3 Schalotten
Mehl
Frittieröl
2 Rote-Bete-Knollen
100 ml heiße Hühnerbrühe
1 Brokkoli
Salz
3 EL Butter
2 EL Speck in sehr kleinen Würfeln
4 EL Nordseekrabben
4 EL Pflanzenöl

Zubereitung

1 Die Seezunge abziehen und die Filets auslösen. Anschließend halbieren.

2 1 Schalotte schälen, in feine Ringe schneiden, leicht mehlieren und frittieren.

3 Die Rote-Bete-Knollen in Wasser weich kochen. Anschließend die Haut abziehen. Mit der Brühe fein mixen.

4 Den Brokkoli waschen, in Röschen zerteilen und 2 Minuten in leicht gesalzenem Wasser garen.

5 Die restlichen Schalotten schälen und fein hacken. Die Butter zerlassen und die Schalotten zusammen mit dem Speck braten. Kurz vor dem Anrichten die Krabben zugeben.

6 Das Öl erhitzen und die Seezungenfilets auf beiden Seiten braten.

7 Zum Anrichten einen Klecks Rote-Bete-Püree auf den Teller geben und mit einem Löffel durchziehen. An die Seite ein paar Brokkoliröschen legen. Auf das Püree zwei Stücke Seezunge geben, darauf die Speckstippe mit den Krabben platzieren und servieren.

Piccata vom Seeteufel auf mediterranem Spitzkohl

Für 4 Personen
800 g Seeteufel
3 Eier
100 g frisch geriebener Parmesan
1 EL Mehl
1½ TL Paprika edelsüß
4 EL Pflanzenöl
1 Schalotte
1 Knoblauchzehe
½ Spitzkohl
1 Tomate
2 EL schwarze Oliven, entkernt
1 EL Olivenöl
Salz

Zubereitung

1   Den Seeteufel auslösen und in Medaillons schneiden. Die Eier mit dem Parmesan, Mehl und Paprikapulver glatt rühren. Die Medaillons durch die Eimasse ziehen. Das Öl in einer Pfanne erhitzen und die Seeteufelmedaillons braten.

2   Die Schalotte und die Knoblauchzehe schälen und fein hacken. Den Spitzkohl von den äußeren Blättern befreien und den Strunk herausschneiden. In schmale Streifen schneiden. Die Tomate häuten und entkernen, das Fruchtfleisch in Würfel schneiden. Die Oliven grob hacken.

3   Das Olivenöl in einer Pfanne erhitzen und die Schalotten sowie den Knoblauch glasig anschwitzen. Den Kohl hinzufügen, salzen und 4–5 Minuten bei kleiner Hitze dünsten. Anschließend die Tomate und die Oliven zugeben.

4   Die Piccata auf dem Kohl anrichten und servieren.

Hummerbulette mit Ingwerkohl

Für 4 Personen

300 g rohes Hummerfleisch
50 g Frühlingszwiebeln,
    geputzt und gewaschen
1 Knoblauchzehe, geschält
150 g Basmatireis, gekocht
1 Ei
2 TL Ingwer, fein gerieben
½ rote Chilischote, entkernt
    und in kleine Würfel geschnitten
Salz
frisch gemahlener schwarzer Pfeffer
7 EL Sesamöl, geröstet
250 g Spitzkohl
100 g Nudelteigplatten
    (siehe das Grundrezept Seite 156)
½ rote Paprikaschote, in kleine
    Würfel geschnitten
½ gelbe Paprikaschote, in kleine
    Würfel geschnitten
½ Karotte, geschält und in kleine
    Würfel geschnitten
1 Knoblauchzehe, fein gehackt
1 EL Sweet Chili Sauce
1 Blatt Frühlingsrollenteig
4 EL Bone Suckin Yaki Sauce
1 EL Limettensaft
1 Schälchen Sakura Mix Kresse
3 EL Vinaigrette (Seite 156)
4 EL Hummersauce

Zubereitung

1   Den Hummer mit den Frühlingszwiebeln und der Knoblauchzehe durch den Wolf drehen und mit dem Reis sowie dem Ei, einem ½ TL Ingwer und den Chiliwürfeln vermengen. Mit Salz und Pfeffer würzen und zu Buletten formen.

2   3 EL Sesamöl in einer Pfanne erhitzen und die Buletten auf beiden Seiten braten.

3   Den Spitzkohl von den äußeren unschönen Blättern befreien und den Strunk herausschneiden. Den Kohl in feine Streifen schneiden. 2 EL Sesamöl erhitzen und die Kohlstreifen zusammen mit einem ½ TL Ingwer gar dünsten.

4   Die Nudelplatten in Salzwasser bissfest kochen. Herausnehmen und auf einem Küchentuch abtropfen lassen. Anschließend in vier gleich große Dreiecke schneiden.

5   Das restliche Sesamöl in einer tiefen Pfanne erhitzen und Paprika sowie Karotten zusammen mit dem restlichen Ingwer, Curry und Knoblauch dünsten. Mit der Sweet Chili Sauce würzen.

6   Den Backofen auf 180 °C vorheizen. Aus dem Frühlingsrollenteig kleine Dreiecke schneiden und mit der Hälfte des Sesams bestreuen. Im heißen Ofen 5 Minuten backen.

7   Den restlichen Sesam mit der Bone Suckin Yaki Sauce vermengen und mit dem Limettensaft würzen.

8   Die Kresse in der Vinaigrette marinieren. Die Hummerbulette auf dem Nudeldreieck anrichten und mit der Kresse und den Dreiecken aus dem Frühlingsrollenteig dekorieren. Die Hummersauce in Klecksen auf den Teller geben.

Rübstiel mit Lachs

Für 4 Personen

1 mittelgroße Zwiebel
6 EL Pflanzenöl
250 ml Rindfleischbrühe
400 g Rübstiel
400 g mehligkochende Kartoffeln
80 g Rauchaalfilet, in Würfel geschnitten
480 g Lachsfilet, ohne Haut und Tran
Salz
frisch gemahlener schwarzer Pfeffer

Zubereitung

1 Die Zwiebel schälen und fein hacken. 2 EL Öl in einem Topf erhitzen und die Zwiebeln glasig anschwitzen. Die Brühe angießen.

2 Den Rübstiel waschen und von den Stielen und den Blättern befreien. Die Stiele in 2 cm lange Stücke schneiden. In der Brühe 20 Minuten garen, dabei nur köcheln lassen.

3 Die Kartoffeln schälen und in Würfel schneiden. Nach 10 Minuten zum Rübstiel geben und langsam weitergaren.

4 Die Blätter grob hacken und nach 20 Minuten hinzufügen. Weitere 10 Minuten köcheln lassen.

5 Das Gemüse nun etwas stampfen und die Rauchaalwürfel zugeben.

6 Den Lachs mit Salz und Pfeffer würzen. Das restliche Öl in einer Pfanne erhitzen und den Lachs von beiden Seiten 4 Minuten braten. Auf dem Rübstiel anrichten und servieren.

Wildlachs mit karamellisiertem Chinakohl, Orangen und Black Beans

Für 4 Personen

1 Chinakohl
6 EL Butter
1 EL Puderzucker
Salz
2 Orangen
2 EL Black-Bean-Paste (Lee Kum Kee)
600 g Wildlachsfilet

Zubereitung

1 Den Chinakohl von den äußeren unschönen und trockenen Blättern befreien und das untere Ende abschneiden. Die Blätter ablösen und quer in sehr feine Streifen schneiden.

2 2 EL Butter in einer Pfanne zerlassen, den Puderzucker hinzufügen und karamellisieren. Die Kohlstreifen zugeben. Schnell umrühren, damit der Karamell nicht zu braun wird. Leicht salzen und bei leichter Hitze 3–4 Minuten dünsten.

3 Die Orangen filetieren.

4 Die restliche Butter zerlassen und zu Nussbutter aufschäumen lassen. Anschließend die Black-Bean-Paste einrühren.

5 In der Zwischenzeit den Lachs portionieren und von beiden Seiten je 2 Minuten braten, sodass er in der Mitte noch glasig ist.

6 Die Orangenfilets unter den Kohl geben und auf einem Teller anrichten. Den Lachs auf den Kohl legen und die Black-Bean-Butter auf dem Lachs und auf dem Teller verteilen.

Auflauf von Bachforelle, Brokkoli, violettem Blumenkohl und Nudelflecken

Für 4 Personen

2 Bachforellen à 400–500 g
½ Blumenkohl
1 Brokkoli
200 g Nudelteig
     (siehe das Grundrezept Seite 156)
2 Tomaten
200 ml Hühnerbrühe
80 g Sahne
2 EL Crème fraîche
2 Eier
½ Bund Schnittlauch, gewaschen
     und in Röllchen geschnitten
1 Knoblauchzehe, fein gehackt

Außerdem

Salz
frisch gemahlener schwarzer Pfeffer
Butter für die Form

Zubereitung

1 Die Forellen auslösen und die Gräten entfernen. Anschließend von der Haut lösen und in 2–3 cm breite Streifen schneiden.

2 Den Blumenkohl waschen, in kleine Röschen zerteilen und 8 Minuten in leicht gesalzenem Wasser weich garen. Den Brokkoli waschen, ebenfalls in Röschen zerteilen und 2 Minuten in leicht gesalzenem Wasser weich garen. Anschließend beide Gemüse abgießen und unter fließendem kaltem Wasser abschrecken.

3 Den Nudelteig mit dem Rollholz dünn ausrollen und in Stücke zerrupfen. 2 Minuten in leicht gesalzenem Wasser kochen. Danach abgießen.

4 Eine Auflaufform mit Butter ausstreichen und die Nudelteigstücke zusammen mit dem Gemüse und den Forellenstücken einlegen.

5 Die Tomaten schälen. Dazu die Haut mit einem Messer kreuzweise einritzen. Die Tomaten in eine große Schüssel legen, mit kochend heißem Wasser übergießen. Nach 2–3 Minuten abgießen und mit kaltem Wasser abschrecken. Die Haut sollte sich jetzt leicht abziehen lassen. Die Tomaten entkernen und das Fruchtfleisch in kleine Würfel schneiden. Die Tomaten in die Auflaufform geben.

6 Den Backofen auf 210 °C vorheizen.

7 Die Brühe und die Sahne zugeben und aufkochen lassen. Vom Herd nehmen und leicht abkühlen lassen. Crème fraîche, Eier, Schnittlauch und Knoblauch unterrühren und über den Auflauf gießen. Im heißen Ofen 15 Minuten backen. In der Form servieren.

Sautierte Garnelen
mit Pak-Choi, Mango und Steckrübe

Für 4 Personen

12 Riesengarnelen
400 g Steckrüben
1 Knoblauchzehe
3 EL Cashewkerne
1 Mango
2 EL Sesamöl, geröstet
1 cm Ingwer, geschält und fein gehackt
1 TL Jaipur-Curry
4 EL Sweet Chili Sauce
2 Pak-Choi
Salz
frisch gemahlener schwarzer Pfeffer

Zubereitung

1 Die Garnelen von Kopf und Schalen befreien und den Darm entfernen.

2 Die Steckrüben schälen und in schmale Streifen schneiden. Die Knoblauchzehe schälen und fein hacken. Die Cashewkerne grob hacken. Die Mango vom Kern schneiden, schälen und in kleine Würfel schneiden.

3 1 EL Sesamöl in einer Pfanne erhitzen und den Knoblauch mit den Cashewkernen anbraten. Mit dem Curry bestäuben. Steckrüben, Ingwer und 2 EL der Sweet Chili Sauce zugeben. 4 Minuten dünsten, bis die Rüben gar sind.

4 Die Pak-Choi waschen und halbieren. Das restliche Sesamöl stark erhitzen und die Pak-Choi anbraten. Die Garnelen zugeben und 4 Minuten mitbraten. Mit Salz und Pfeffer würzen.

5 Die Mangowürfel mit der restlichen Sweet Chili Sauce verrühren und damit am Rand des Tellers auf jeder Seite einen Strich ziehen. In der Mitte die Steckrüben anrichten. Darauf die Garnelen mit den Pak-Choi setzen und servieren.

Räucheraalknödel mit Stampf von Gelben Beten und glacierten Äpfeln

Für 4 Personen
Für die Knödel
500 g Kartoffeln
Salz
50 g Butter
60 g Mehl
60 g Speisestärke
3 Eigelb
Salz
frisch gemahlener schwarzer Pfeffer

Für die Füllung
700 g Räucheraal
6 Schalotten
2 EL Olivenöl
1 EL Weißwein

Für den Stampf
2 Gelbe Bete
1 Schalotte
2 EL Olivenöl
100 ml Hühnerbrühe
50 g Sahne
50 g Butter (+ 1 Msp. für die Äpfel)
Salz
frisch gemahlener schwarzer Pfeffer
weißer Balsamicoessig
   nach Belieben
2 Äpfel
Zucker
100 ml Apfelsaft

Zubereitung
1 Den Backofen auf 200 °C vorheizen.
2 Für die Räucheraalknödel einen Kartoffelteig herstellen. Dazu die Kartoffeln auf ein Blech mit Salz legen und im heißen Ofen etwa 1½ Stunden garen.
3 Die Butter bei leichter Hitze zerlassen. Die Kartoffeln schälen und durch die Kartoffelpresse drücken. Mehl, Speisestärke, Eigelbe und die zerlassene Butter zugeben und zu einem glatten Teig verarbeiten. Mit Salz und Pfeffer würzen. Kühl stellen.
4 Für die Füllung den Räucheraal in kleine Würfel schneiden. Die Schalotten schälen und fein hacken. Das Olivenöl in einer großen Pfanne erhitzen und die Schalotten glasig anschwitzen. Die Aalwürfel hinzufügen. Mit dem Weißwein ablöschen und kurz einkochen lassen.
5 Für die Knödel je ca. 30 g von dem Kartoffelteig abnehmen. Etwas von der Aalfüllung in die Mitte geben und zu kompakten Kugeln formen. Diese in leicht köchelndem Salzwasser ca. 10 Minuten ziehen lassen.
6 Die Gelben Beten schälen und in Würfel schneiden. Die Schalotte schälen und fein hacken. Das Olivenöl in einem Topf erhitzen und die Schalotten glasig anschwitzen. Die Gelbe-Bete-Würfel zugeben, mit der Hühnerbrühe ablöschen und das Gemüse weich kochen. Anschließend abgießen.
7 Die Sahne und die Butter zum Kochen bringen und zu den Gelben Beten geben. Alles zerstampfen und mit Salz und Pfeffer würzen. Gegebenenfalls einen Spritzer Balsamicoessig hinzufügen.
8 Die Äpfel schälen, entkernen und in Spalten schneiden. Eine Prise Zucker karamellisieren lassen. Mit etwas Butter lösen und die Apfelspalten dazugeben. Mit dem Apfelsaft ablöschen. Einkochen lassen, bis die Apfelspalten weich sind.
9 Die Knödel auf den Stampf setzen, mit den glacierten Äpfeln garnieren und servieren.

Tagliatelle mit Rote Bete, Pesto und Miesmuscheln

Für 4 Personen

1 großes Bund Basilikum
2 Knoblauchzehen, geschält und in Scheiben geschnitten
2 EL Pinienkerne, geröstet
4 EL frisch geriebener Parmesan
120 ml Olivenöl
Salz
frisch gemahlener schwarzer Pfeffer
500 g Miesmuscheln
150 ml trockener Weißwein
1 TL Butter
4 EL Blattpetersilie, grob gehackt
4 Rote-Bete-Knollen, gekocht
500 g Tagliatelle

Zubereitung

1 Das Basilikum waschen und trocken schütteln. Die Blätter abzupfen.

2 Für das Pesto die Hälfte des Knoblauchs in einen Mörser oder eine Küchenmaschine geben, zusammen mit dem Basilikum zerstoßen oder mixen, die Pinienkerne und den Parmesan dazugeben und ebenfalls mixen oder stoßen. Anschließend vorsichtig das Öl zugeben (gerade so viel, dass die Sauce gebunden wird und die richtige Konsistenz erhält: halb feucht – halb kompakt). Mit Salz und Pfeffer würzen.

3 Die Miesmuscheln waschen und putzen und in einen sehr heißen, hohen Topf geben. Sofort den restlichen Knoblauch zugeben und abdecken. Etwa 20 Sekunden kräftig rütteln. Den Weißwein angießen und wieder zugedeckt bei hoher Temperatur 1–2 Minuten stehen lassen: Dabei öffnen sich die Muscheln; Muscheln, die sich nicht geöffnet haben, müssen aussortiert werden. Die Butter und die Petersilie zugeben und den Topf vom Herd nehmen.

4 Die Roten Beten in Stifte schneiden.

5 Die Tagliatelle in sprudelnd kochendem Salzwasser bissfest garen. In einer Pfanne etwas von dem Nudelkochwasser und Pesto erwärmen und die Roten Beten dazugeben. Anschließend die Muscheln und die Pasta unterziehen und mit einem Löffel von dem Pesto servieren.

Krabbenravioli mit Ingwerkohl

Für 4 Personen

150 g Lachsfilet

Salz

100 g Sahne

2 cm Ingwer, geschält
    und fein gehackt

1 Knoblauchzehe, geschält
    und fein gehackt

200 g Nordseekrabben, gepult

500 g Nudelteig
    (siehe das Grundrezept Seite 156)

1 Ei

1 Karotte

½ rote Paprikaschote

½ Spitzkohl

2 EL Sesamöl, geröstet
    (+ Sesamöl für die Ravioli)

1 EL eingelegter japanischer Ingwer,
    fein gehackt

1 EL Butter

Zubereitung

1 Das Lachsfilet in grobe Würfel schneiden, salzen und gut durchkühlen. Dazu 15 Minuten in das Gefrierfach geben. Die Sahne ebenso kühlen. Anschließend das Lachsfilet sehr fein mixen, bis es Bindung bekommt. Nach und nach die Sahne hinzufügen. Mit jeweils der Hälfte des Ingwers und des Knoblauchs würzen.

2 Die Krabben grob hacken und zu der Lachsmasse geben. In einen Spritzbeutel füllen.

3 Den Nudelteig hauchdünn ausrollen und mit dem verquirlten Ei bestreichen. Die Krabbenmasse tupfenartig aufspritzen. Anschließend mit einer zweiten Lage Nudelteig abdecken. Den Nudelteig um die Krabbenfüllung fest andrücken (möglichst ohne Lufteinschluss) und rund ausstechen.

4 Die Karotte schälen und waschen. Die Paprika mit dem Sparschäler schälen und entkernen. Den Spitzkohl von den äußeren Blättern befreien und den Strunk herausschneiden. Alles in schmale Streifen schneiden.

5 Das Sesamöl erhitzen und die Gemüsestreifen anschwitzen. Den restlichen frischen sowie den eingelegten Ingwer zusammen mit dem Ingwerfond zugeben und 4 Minuten dünsten.

6 Die Ravioli in sprudelnd kochendes Salzwasser geben. Vom Herd nehmen und 3–4 Minuten ziehen lassen. In der zerlassenen Butter und etwas Sesamöl schwenken. In tiefen Tellern auf dem Kohl anrichten und servieren.

Orientalischer Kraut-Rüben-Salat mit Rotbarbe

Für 4 Personen
250 g Weißkohl
250 g Karotten
100 g Naturjoghurt
100 g Sauerrahm
1 Apfel (Granny Smith)
1 TL Dijon-Senf
50 ml Milch
2 Schalotten, fein gehackt
1 EL weißer Balsamicoessig
1 EL Olivenöl
Salz
frisch gemahlener schwarzer Pfeffer
1 TL gelbe Tandooripaste
4 Rotbarbenfilets
1 TL Kreuzkümmel, gemahlen
2 EL Pflanzenöl
1 Orange

Zubereitung

1 Den Kohl von den äußeren Blättern befreien und den Strunk entfernen. Fein hobeln. Die Karotten schälen, waschen und raspeln.

2 Den Joghurt mit dem Sauerrahm verrühren. Den Apfel schälen, entkernen und das Fruchtfleisch fein reiben. Mit dem Joghurt verrühren. Senf, Milch und die Schalotten unterrühren und mit Essig, Olivenöl, Salz und Pfeffer und der Tandooripaste würzen. Die Marinade unter den Gemüsesalat geben und ziehen lassen.

3 Die Rotbarbenfilets mit Salz und Kreuzkümmel würzen. Das Pflanzenöl in einer Pfanne erhitzen und die Filets auf der Hautseite kross braten.

4 Die Orange schälen und die Filets herausschneiden.

5 Den Salat auf dem Teller anrichten, die Rotbarben- und Orangenfilets darauflegen und servieren.

Fleisch

Gebackener Gänseknödel mit Apfelrotkohl und grünem Blumenkohl

Für 4 Personen
Für die Gänseknödel
- 1 l Wasser
- 50 g Pökelsalz
- 10 g Zucker
- 1 Lorbeerblatt
- 2 Thymianzweige
- 1 EL weiße Pfefferkörner
- 4 Gänsekeulen
- 1 kg Schweineschmalz
- 2 EL Backpflaumen
- 2 EL karamellisierte Walnüsse
- 100 g Mehl
- 3 Eier
- 250 g Paniermehl

Für den Apfelrotkohl
- 500 g Rotkohl
- 100 ml Rotwein, vorzugsweise Beaujolais
- 80 ml roter Portwein
- 3 EL Rotweinessig
- 1 Zwiebel
- 4 Äpfel (Boskop)
- 3 EL Gänseschmalz
- 1 Teeei mit 2 Pimentkörnern,
  1 Lorbeerblatt, 5 Wacholderbeeren
- 3 EL Honig
- 50 ml Apfelsaft
- 1 grüner Blumenkohl

Außerdem
- Frittieröl
- Salz

Zubereitung

1 Das Wasser mit Pökelsalz, Zucker, Lorbeerblatt, Thymianzweigen und weißen Pfefferkörnern aufkochen lassen. Leicht abkühlen lassen und die Gänsekeulen vier Tage einlegen. Anschließend herausnehmen und mit klarem kaltem Wasser abspülen.

2 Den Backofen auf 125 °C vorheizen.

3 Das Schweineschmalz in einem breiten Topf mit Deckel zerlassen und die Gänsekeulen einlegen. 2½ Stunden im heißen Ofen garen. Das Fleisch sollte sich nach dieser Zeit leicht vom Knochen lösen lassen. Die Haut entfernen und das Fleisch abzupfen. (Das Schmalz kann man zum Teil für den Rotkohl verwenden oder man friert es für das nächste Mal ein.)

4 Die Backpflaumen und das Fleisch grob hacken und mit den Walnüssen vermengen. Zu 5 cm Ø dicken Kugeln formen, mehlieren, durch die verschlagenen Eier ziehen und anschließend großzügig im Paniermehl wälzen. Falls erforderlich, ein zweites Mal panieren. Kurz vor dem Servieren 3–4 Minuten frittieren.

5 Vom Rotkohl unschöne und trockene Blätter entfernen. In Viertel schneiden und den Strunk herausschneiden. Anschließend in schmale Streifen schneiden und mit dem Rotwein, Portwein und Essig durchkneten.

6 Die Zwiebel schälen und fein hacken. Die Äpfel schälen, entkernen und das Fruchtfleisch in kleine Würfel schneiden. Das Gänseschmalz in einer Pfanne zerlassen und die Zwiebeln glasig anschwitzen. Nacheinander die Äpfel und die Kohlstreifen hinzufügen, ebenso das Teeei mit den Gewürzen sowie den Honig und den Apfelsaft. Zugedeckt bei mittlerer Hitze 40 Minuten köcheln lassen.

7 Den Blumenkohl waschen und in kleine Röschen zerteilen. 4–5 Minuten in sprudelnd kochendem Salzwasser garen. Abgießen.

8 Die Knödel auf dem Rotkohl anrichten und mit den Blumenkohlröschen umlegen.

Grünkohl
mit Bregenwurst

Für 4 Personen

2 ½ kg Grünkohl
1 dicke Stange Lauch
3 Zwiebeln
200 g Griebenschmalz
frisch gemahlener schwarzer Pfeffer
3 EL Senf
3 Zwiebeln
2 Bregenwürste
4 Mettenden oder Kohlwürste
500 g durchwachsener Schweinebauch
500 g Kasseler (Rückenstrang)
2 EL Haferflocken

Zubereitung

1   Den Backofen auf 200 °C vorheizen.
2   Den Grünkohl gründlich waschen,
von den Stielen abstreifen und in schmale
Streifen schneiden. 1 Minute in sprudelnd
kochendem Salzwasser blanchieren.
3   Den Lauch putzen und sorgfältig
waschen. In feine Ringe schneiden.
Die Zwiebeln schälen und fein hacken.
4   Das Griebenschmalz in einem breiten
Topf zerlassen und den Grünkohl zugeben.
Den Lauch und die Zwiebeln hinzufügen.
Mit Pfeffer und Senf würzen. Anschließend
das Ganze 1 Stunde im heißen Ofen köcheln
lassen.
5   Die Bregenwürste und Mettenden oder
Kohlwürste, den Schweinebauch und das
Kasseler dazugeben, die ausgelösten
Knochen obenauf legen und das Ganze
nochmals 30 Minuten köcheln lassen.
Anschließend das Fleisch herausnehmen
und die Haferflocken unter den Grünkohl
rühren. Noch einmal aufkochen lassen,
anrichten und servieren.

Kohlrouladen mit Selleriepiccata und Chorizosauce

Für 4 Personen

½ Kopf Weißkohl
1 altbackenes Brötchen
4 Schalotten
2 Thymianzweige
400 g Hackfleisch halb und halb
4 Eier
Salz
frisch gemahlener schwarzer Pfeffer
Pflanzenöl
100 g Chorizo, in kleine Würfel geschnitten
300 ml Rindfleischbrühe
½ rote Paprikaschote
100 g Sahne
20 g Maisstärke
½ Knollensellerie
1 EL Butter
1 EL Mehl (+ Mehl für den Sellerie)
60 g frisch geriebener Parmesan

Außerdem

Pflanzenöl zum Braten

Zubereitung

1 Den Weißkohl von den äußeren unschönen Blättern befreien und waschen. Am Strunk mit einer Gabel aufspießen und in kochendes Salzwasser tauchen. Nach und nach die Blätter ablösen und zwischen zwei Küchentüchern leicht plattieren.

2 Das Brötchen in Wasser einweichen. Die Schalotten schälen und fein hacken. Die Thymianzweige waschen und trocken schütteln. Die Blättchen von den Zweigen zupfen und fein hacken.

3 Die Hälfte der Schalotten und den Thymian mit dem Hackfleisch vermengen. Anschließend mit 2 Eiern verkneten und mit Salz und Pfeffer würzen. Das Hackfleisch mit dem Kohl umwickeln, sorgfältig andrücken und mit Küchengarn fest zusammenbinden.

4 Etwas Öl in einem breiten Topf erhitzen und die Kohlrouladen von allen Seiten anbraten. Die restlichen Schalotten und die Chorizowürfel zugeben, kurz mitbraten und mit Rindfleischbrühe auffüllen.

5 Die Paprika mit dem Sparschäler schälen, entkernen und in Würfel schneiden. Zum Fond hinzufügen. Zugedeckt 30 Minuten köcheln lassen.

6 Die Rouladen herausnehmen und die Sahne angießen. Die Stärke mit etwas kaltem Wasser anrühren und hinzufügen.

7 Den Sellerie schälen und in 1 cm dicke Scheiben schneiden. Runde Scheiben mit 5 cm Ø ausstechen und mit etwas Butter und einer Prise Salz weich dünsten. Mehlieren. Die restlichen Eier und den Parmesan mit 1 EL Mehl verrühren. Die Selleriescheiben durch die Parmesanmasse ziehen und wie Schnitzel braten.

8 Das Küchengarn von den Kohlrouladen entfernen. Die Rouladen in der Sauce kurz erhitzen und servieren.

Rehrücken Baden-Baden

Für 4 Personen

600 g Rosenkohl
150 ml Hühnerbrühe
1 EL Butter
200 g Kartoffeln
1 Eigelb
Mehl
1 Ei
4 EL Mie de pain
8 Johannisbeeren
50 ml roter Portwein
1 g pflanzliches Geliermittel
480 g Rehrücken (schier)
Salz
Quatre Epices
2 EL Pflanzenöl
4 EL Rehjus
1 EL Johannisbeergelee (Glas)
frisch gemahlener schwarzer Pfeffer

Zubereitung

1 Vom Rosenkohl die äußeren Blätter abzupfen und waschen. Die Blätter in leicht gesalzenem Wasser blanchieren. Den Rest ebenfalls in leicht gesalzenem Wasser weich kochen und zusammen mit der Brühe und der Butter mit dem Pürierstab fein mixen.

2 Die Kartoffeln schälen und weich kochen. Abgießen, ausdampfen lassen und fein stampfen. Das Eigelb zugeben und die Kartoffelmasse zu zwei großen Kroketten rollen. Mehlieren, durch das verschlagene Ei ziehen und in dem Mie de pain wälzen.

3 Die Johannisbeeren in dem Portwein aufkochen lassen und leicht reduzieren. Mit dem Geliermittel binden.

4 Den Backofen auf 170 °C erhitzen.

5 Den Rehrücken mit Salz und Quatre Epices würzen. Das Öl in einer Pfanne erhitzen und den Rehrücken anbraten. Die Rehjus zugeben und 3 Minuten im heißen Ofen garen. Herausnehmen und weitere 2 Minuten ruhen lassen. Längs aufschneiden.

6 Auf einem Teller mit den zuvor frittierten und anschließend halbierten Kroketten anrichten. Zwei Kleckse Johannisbeergelee auf den Teller geben und darauf die Johannisbeeren setzen. Mit etwas Pfeffer übermahlen und servieren.

Bayrisch Kraut mit Schweinebraten

Für 4 Personen
Für den Braten
1 kg Schweinebraten
Salz

Für das Kraut
1 Kopf Weißkohl (ca. 800 g)
60 g Butterschmalz
100 g Frühstücksspeck,
   in kleine Würfel geschnitten
100 g Zwiebeln, fein gehackt
3 EL Zucker
300 ml Rindfleischbrühe
4 EL Weißweinessig
1 TL Kümmel

Zubereitung

1 Den Backofen auf 130 °C vorheizen.

2 Für den Braten einen ½ Liter leicht gesalzenes Wasser in einen Bräter geben. Die Schwarte des Bratens über Kreuz einschneiden. Das Fleisch mit der Schwarte nach unten in den Bräter geben und 1 Stunde im heißen Ofen garen. Anschließend die Temperatur auf 160 °C erhöhen und weitere 45 Minuten garen. Den Braten wenden. Die Temperatur auf 220 °C erhöhen und den Braten in 30–40 Minuten kross braten.

3 Für das Kraut den Weißkohlkopf von den äußeren unschönen Blättern befreien und den Strunk entfernen. In feine Streifen hobeln.

4 Das Butterschmalz in einem Topf zerlassen. Den Frühstücksspeck zugeben und anbraten. Die Zwiebeln hinzufügen und anschwitzen.

5 Den Zucker in einem Topf karamellisieren lassen und mit der Brühe und dem Essig ablöschen. Das Kraut, den Speck und die Zwiebeln sowie den Kümmel zugeben und 15 Minuten köcheln lassen.

6 Den Braten in Scheiben schneiden. Die Fleischscheiben auf dem Teller mit dem Kraut anrichten und servieren.

Kohlrabiauflauf

Für 4 Personen

600 g festkochende Kartoffeln
4 Kohlrabi
Salz
30 g Butter (+ Butter für die Form)
3 Schalotten
250 g Bacon in Scheiben
1 Bund Petersilie
4 Eier
60 g Sahne
60 g Crème fraîche
frisch gemahlener schwarzer Pfeffer
250 g frisch geriebener Emmentaler

Zubereitung

1 Die Kartoffeln schälen und in leicht gesalzenem Wasser bissfest kochen. Wie für Bratkartoffeln in Scheiben schneiden.

2 Die Kohlrabiknollen schälen und in Viertel schneiden. Anschließend in 2–3 mm dicke Scheiben schneiden. Leicht salzen. Die Butter in einem Topf zerlassen und die Kohlrabi zugedeckt 10 Minuten dünsten.

3 Eine Auflaufform mit Butter ausstreichen und die Kartoffel- und Kohlrabischeiben abwechselnd einschichten.

4 Die Schalotten schälen und fein hacken. Die Baconscheiben leicht anfrieren und anschließend in kleine Würfel schneiden.

5 Die Baconwürfel in einer Pfanne auslassen und zusammen mit den Schalotten anschwitzen.

6 Die Petersilie waschen und trocken schütteln. Die Blätter von den Stängeln zupfen und fein hacken. Zusammen mit den Bacon- und Schalottenwürfeln über die Zutaten in der Auflaufform geben.

7 Den Backofen auf 200 °C vorheizen.

8 Die Eier mit der Sahne und Crème fraîche verrühren und mit Salz und Pfeffer würzen. Über den Kohlrabi geben und mit dem Käse bestreuen.

9 Im heißen Ofen 20 Minuten backen. In der Form servieren.

Lammrücken im Schinkenmantel mit gelben und weißen Rübchen

Für 4 Personen

8 Scheiben Parmaschinken
2 Eiweiß
2 EL gemischte Kräuter, fein gehackt
   (z. B. Petersilie, Thymian, Rosmarin)
600 g Lammrücken (schier)
frisch gemahlener schwarzer Pfeffer
1 Bund gelbe Rübchen
1 Bund weiße Rübchen
2 EL Butter
Zucker
Salz
4 EL Hühnerbrühe
1 EL Petersilie, fein gehackt

Zubereitung

1 Den Parmaschinken zu je 2 Scheiben auslegen und mit verquirltem Eiweiß einstreichen. Die Kräuter darauf verteilen.

2 Den Lammrücken pfeffern (nicht salzen!) und im Schinkenmantel einrollen. Anschließend fest in eine mit Öl ausgestrichene Alufolie einrollen.

3 Die Rübchen schälen. Die Butter zerlassen und die Rübchen darin anschwitzen. Leicht zuckern und salzen. Die Brühe angießen und 5–6 Minuten dünsten. Die Petersilie zugeben und mit dem Fond glacieren.

4 Den Backofen auf 160 °C vorheizen.

5 Den Lammrücken mit der Folie von allen Seiten anbraten. Für 2 Minuten in den heißen Ofen geben. Herausnehmen und kurz ruhen lassen. Den Lammrücken anschließend aus der Folie nehmen und in 3 cm dicke Scheiben schneiden. Auf den Rübchen anrichten und servieren.

Weißkraut-Hotdog

Für 4 Personen

300 g Weißkohl
40 g Frühstücksspeck
½ Zwiebel
50 ml Pflanzenöl (+ 2 EL Öl zum Braten)
frisch gemahlener schwarzer Pfeffer
3 EL Petersilie, fein gehackt
80 ml Weißweinessig
40 g Zucker
2 TL Salz
4 Krakauer Würstchen
4 Laugenstangen

Zubereitung

1   Den Kohl von den äußeren unschönen Blättern befreien und den Strunk entfernen. Den Kohl fein hobeln.

2   Den Speck in kleine Würfel schneiden. Die Zwiebel schälen und fein hacken.

3   1 EL Öl in einer Pfanne erhitzen und den Speck und die Zwiebeln anbraten. Zusammen mit dem Pfeffer und der Petersilie zum Kraut geben.

4   Einen Sud aus 50 ml Öl, Essig, Zucker und Salz kochen. Den sprudelnd kochenden Sud über das Kraut geben und sorgfältig miteinander vermengen. 2–3 Stunden ziehen lassen.

5   1 EL Öl in einer Pfanne erhitzen und die Würstchen rundum braten. Zusammen mit dem Kraut in den Laugenstangen servieren.

Schweinefilet mit Kaffebohnen, Kohlrabi und Curry

Für 4 Personen

6 EL Espressobohnen
2 EL schwarze Pfefferkörner
600 g Schweinefilet (Mittelstück ohne Spitzen)
1 EL grobes Meersalz
2 EL Pflanzenöl
2 Kohlrabi
2 EL Butter
1 EL Curry
200 ml Hühnerbrühe
100 g Spitzkohl, möglichst grün
100 g Sahne
15 g Maisstärke
rote Chilischote, fein gehackt, nach Belieben

Zubereitung

1 Den Backofen auf 180 °C erhitzen.

2 Für den Braten Espressobohnen und Pfeffer mörsern. Das Filet mit dem groben Meersalz einreiben und in der Gewürzmischung wälzen.

3 Das Öl erhitzen und das Fleisch rundum anbraten. Anschließend im heißen Ofen 3–4 Minuten garen. Den Ofen ausschalten und bei Erreichen einer Temperatur von 65 °C 20 Minuten ruhen lassen.

4 Die Kohlrabi schälen und feinblättrig schneiden. Die Butter in einem Topf zerlassen und den Kohlrabi weich dünsten. Mit dem Curry bestäuben. Die Brühe zugeben und aufkochen lassen.

5 Den Spitzkohl von den äußeren Blättern befreien und den Strunk herausschneiden. Die Blätter in schmale Streifen schneiden. In leicht gesalzenem Wasser garen. Nach 3 Minuten Kochzeit den Spitzkohl abgießen und zu dem Kohlrabi geben. Weitere 4 Minuten köcheln lassen. Die Sahne hinzufügen. Die Stärke mit etwas kaltem Wasser anrühren und das Kohlgemüse damit binden. Nach Belieben mit Chili würzen.

6 Das Schweinefilet in feinen Scheiben aufschneiden, auf dem Kohlgemüse anrichten und servieren.

Krosse Kalbshaxe mit Weißkraut-Meerrettich-Gemüse und Kirschtomaten

Für 4 Personen

2 Karotten
1 Knollensellerie
2 Petersilienwurzeln
4 EL weißer Balsamicoessig
2 Zwiebeln, geschält und geviertelt
2 Lorbeerblätter
1 Gewürznelke
1 EL schwarze Pfefferkörner
2 Kalbshaxen
Salz
3 EL Butter
1 Kopf Weißkohl (ca. 800 g)
2 EL Pflanzenöl
100 ml Hühnerbrühe
200 g Crème fraîche
4 EL Meerrettich, frisch gerieben
frisch gemahlener schwarzer Pfeffer
8 Kirschtomaten
100 ml Olivenöl
2 Knoblauchzehen, geschält
   und angedrückt
1 Thymianzweig

Zubereitung

1 Das Gemüse schälen, waschen und in grobe Stücke schneiden. Einen Sud aus 2 Liter Wasser, Essig, den Zwiebeln, Karotten sowie dem Sellerie und den Petersilienwurzeln herstellen. Lorbeerblätter, Nelke und Pfefferkörner hinzufügen und zum Kochen bringen.

2 Den Backofen auf 200 °C vorheizen.

3 Die Kalbshaxen salzen und in den Sud einlegen. 30 Minuten köcheln lassen.

4 Die Haxen aus dem Sud nehmen und in einen Bräter legen. Mit etwas Butter bestreichen und im heißen Ofen goldbraun braten (ca. 1 Stunde), dabei immer wieder mit Butter bestreichen.

5 Vom Kohlkopf die äußeren Blätter entfernen, waschen und vierteln. Den Strunk keilförmig herausschneiden. Anschließend jedes Viertel in feine Streifen schneiden.

6 Das Pflanzenöl in einem großen, breiten Topf erhitzen und die Kohlstreifen anschwitzen, bis sie etwas Farbe annehmen. Die Brühe angießen und den Kohl zugedeckt bissfest schmoren. Die Crème fraîche und den Meerrettich zugeben und mit Salz und Pfeffer würzen. Sollte der Sud zu flüssig sein, bei leichter Hitze sämig einkochen lassen.

7 Die Kirschtomaten mit dem Grün blanchieren und in Eiswasser abschrecken. Die Haut abziehen und in eine feuerfeste Form geben. Mit dem Olivenöl fast bedecken und mit Salz und Pfeffer würzen. Die Knoblauchzehen und den Thymianzweig hinzufügen. Für etwa 8 Minuten alles in den Bräter mit den Haxen geben.

8 Die Kalbshaxen vom Knochen lösen und tranchieren. Auf dem Weißkrautgemüse anrichten. Die Kirschtomaten aus dem Öl nehmen, die Kalbshaxen damit garnieren und servieren.

Glacierte gelbe Rübchen mit Fleischpflanzerl und Schnittlauchstampf

Für 4 Personen

8 gelbe Rübchen
100 g Butter
2 Schalotten, fein gehackt
2 Knoblauchzehen, fein gehackt
1 Thymianzweig
Salz
frisch gemahlener schwarzer Pfeffer
1 TL Rohrzucker
Weißwein
100 ml Geflügelfond
50 ml Karottensaft

Für den Schnittlauchstampf

6 Kartoffeln
100 g Sahne
Salz
3 EL Schnittlauch, in Röllchen geschnitten

Für die Fleischpflanzerl

50 g Weißbrot vom Vortag
80 ml warme Milch
300 g Kalbshackfleisch
2 Eier
1 Msp. Dijon-Senf
Salz
frisch gemahlener schwarzer Pfeffer
3 EL Blattpetersilie, fein gehackt
1 EL Majoran, fein gehackt
3 EL Pflanzenöl

Zubereitung

1 Die gelben Rübchen schälen und in 3 mm feine Scheiben schneiden.

2 Die Hälfte der Butter bei leichter Hitze zerlassen und jeweils die Hälfte der Schalotten und des Knoblauchs anschwitzen. Die Rübchen und den Thymianzweig hinzufügen. Etwas Salz und Pfeffer sowie den Rohrzucker zugeben und mit etwas Weißwein ablöschen. Mit dem Geflügelfond und dem Karottensaft auffüllen und zugedeckt bissfest schmoren.

3 Für den Stampf die Kartoffeln schälen, in grobe Stücke schneiden und in Salzwasser weich kochen. Die Sahne und die restliche Butter aufkochen lassen. Die Kartoffeln abgießen und die Sahne/Buttermischung angießen. Mit einem Kartoffelstampfer stampfen und salzen. Kurz vor dem Servieren den Schnittlauch unterheben.

4 Für die Pflanzerl das Weißbrot in Würfel schneiden, in eine Schüssel geben und mit der Milch übergießen. Mit dem Kalbshackfleisch, den Eiern und dem Senf vermengen und mit Salz und Pfeffer würzen. Die Kräuter zugeben. Kleine Pflanzerl (Küchlein) formen. Das Öl in einer Pfanne erhitzen und die Pflanzerl auf beiden Seiten knusprig braun braten.

5 Zusammen mit den Rübchen und dem Stampf anrichten und servieren.

Topinambur-Kartoffel-Gröstel
mit Blutwurst

Für 4 Personen

300 g Kartoffeln »La Ratte«
300 g Topinamburen
12 Perlzwiebeln
200 g grobe Blutwurst in der Blase
2 EL Pflanzenöl
2 EL Speckwürfel
100 g Romanesco
2 EL Blattpetersilie, fein gehackt

Zubereitung

1 Die Kartoffeln waschen und in Viertel schneiden. Die Topinamburen und die Perlzwiebeln schälen. Die Blutwurst schälen und in grobe Würfel schneiden.

2 Den Backofen auf 160 °C vorheizen.

3 Das Öl in einer Pfanne erhitzen und die Kartoffeln 4 Minuten braten. Die Topinamburen in grobe Würfel schneiden und zusammen mit den Perlzwiebeln und Speckwürfeln zugeben. Weitere 4 Minuten braten, bis alles leicht gebräunt ist. Für 10 Minuten in den heißen Ofen geben.

4 In der Zwischenzeit den Romanesco waschen und in Röschen zupfen. 4 Minuten in leicht gesalzenem Wasser kochen. Anschließend zum Kartoffel-Topinambur-Ragout geben. Kurz mitbraten lassen. Die Blutwurst und die Petersilie zugeben. Nochmals 1–2 Minuten braten, auf einem Teller anrichten und servieren.

Tipp

Wer mag, kann zusätzlich zwei verquirlte Eier darübergeben und zum Gericht Gewürzgurke reichen.

Schwarzer Rettich mit Chili, Ingwer und Rinderfiletspitzen

Für 4 Personen

480 g Rinderfilet
1 EL Maisstärke
4 EL Sojasauce
200 g Schwarzer Rettich
1 Bund Frühlingszwiebeln
1 Knoblauchzehe
3 cm Ingwer
2 EL Olivenöl
2 EL Seasamöl
3 EL Reisessig
4 EL Mirin
2 EL Honig
2 Msp. rote Chilischote, fein gehackt
200 g Basmatireis

Zubereitung

1 Das Rinderfilet von den Sehnen befreien und in Streifen schneiden. Mit der Stärke und 2 EL der Sojasauce marinieren.

2 Den Rettich schälen und in lange, dünne Stifte schneiden. Die Frühlingszwiebeln putzen und waschen, anschließend leicht diagonal in feine Scheiben schneiden.

3 Die Knoblauchzehe und den Ingwer schälen und sehr fein hacken.

4 Das Olivenöl in einer Pfanne erhitzen und das Fleisch von allen Seiten scharf anbraten. Sofort herausnehmen. Die Rettichstifte sowie Knoblauch, Ingwer und die Frühlingszwiebeln nach und nach in die Pfanne geben, das Sesamöl hinzufügen und braten.

5 Die restlichen Zutaten zugeben und aufkochen lassen. Das Fleisch darin kurz erwärmen.

6 In der Zwischenreis den Basmatireis kochen. Das Fleisch zusammen mit dem Reis servieren.

Pastinakenrösti mit Kürbiskernen und Hähnchenbrust

400 g Pastinaken
300 g Kartoffeln
100 g Karotten
4 EL Kürbiskerne
2 Frühlingszwiebeln
2 Eier
1 EL Honig
2 EL Mehl
1 TL Salz
frisch gemahlener schwarzer Pfeffer
4 EL Pflanzenöl
4 Hähnchenbrüste mit Haut
½ Bund Schnittlauch
4 EL Crème fraîche

Zubereitung

1   Pastinaken, Kartoffeln und Karotten schälen und auf einer Vierkantreibe grob raspeln. Die Kürbiskerne hacken. Die Frühlingszwiebeln putzen und waschen und in feine Streifen schneiden.

2   Das Gemüse mit den Eiern, Honig, 2 EL Kürbiskernen und dem Mehl mischen. Mit Salz und Pfeffer würzen.

3   Nun daraus kleine Rösti formen. Das Öl in einer Pfanne erhitzen und die Rösti von beiden Seiten braten.

4   Die Hähnchenbrüste mit Salz und Pfeffer würzen, in den restlichen Kürbiskernen wälzen und auf der Hautseite 5–6 Minuten bei mittlerer Hitze braten. Anschließend wenden und weitere 2 Minuten braten.

5   Den Schnittlauch in feine Röllchen schneiden und mit der Crème fraîche verrühren. Mit Salz und Pfeffer würzen. Mit der Hähnchenbrust und den Pastinakenrösti servieren.

Krautstrudel mit Hackfleisch

Für 4 Personen
Für den Teig
350 g Mehl
1 Ei
1 EL Pflanzenöl
Salz
(alternativ fertiger TK-Strudelteig)

Für die Füllung
2 mittelgroße Köpfe Chinakohl
3 EL Olivenöl
250 g Rinderhackfleisch
Salz
frisch gemahlener schwarzer Pfeffer
2 Karotten, geschält, gewaschen und
**   in kleine Würfel geschnitten**
2 rote Paprikaschoten, gewaschen,
**   entkernt und in kleine**
**   Würfel geschnitten**
2 Schalotten, fein gehackt
2–3 Thymianzweige
100 g passierte Tomaten
2–3 EL Crème fraîche

Außerdem
2 EL Butter

Zubereitung
1 Für den Teig das Mehl mit 180 ml Wasser, Ei, Öl und einer Prise Salz vermengen und sorgfältig kneten, bis der Teig nicht mehr klebt. Zu einer Kugel formen und ca. 1 Stunde bei Zimmertemperatur ruhen lassen. Anschließend dünn ausrollen und so lange über den Handrücken ziehen, bis er hauchdünn ist.

2 Für die Füllung von den Kohlköpfen die äußeren unschönen und trockenen Blätter entfernen und das untere Ende abschneiden. Die Blätter ablösen, waschen und in feine Streifen schneiden.

3 Das Olivenöl in einer Pfanne erhitzen und das Hackfleisch scharf anbraten. Mit Salz und Pfeffer würzen, aus der Pfanne nehmen und auf einem Sieb abtropfen lassen.

4 Den Backofen auf 200 °C vorheizen.

5 Die Karottenwürfel und die Chinakohlstreifen in die Pfanne geben und kurz unter Rühren anschwitzen. Anschließend Paprikawürfel, Schalotten und Thymianzweige hinzufügen und einige Minuten mitdünsten. Mit den passierten Tomaten ablöschen. Alles kurz köcheln lassen, mit der Crème fraîche und Salz würzen und das Hackfleisch unterheben.

6 Die Butter bei leichter Hitze zerlassen. Den Strudelteig damit bepinseln. Die Füllung daraufgeben und einrollen. Nochmals mit zerlassener Butter bepinseln und im heißen Ofen ca. 25 Minuten goldbraun backen. Den Strudel in Scheiben schneiden und servieren.

Spitzkohlquiche mit Katenschinken

Für 4 Personen
Für den Teig
10 g frische Hefe

125 ml lauwarme Milch

250 g Mehl

3 EL Olivenöl

Salz

Zucker

Für die Füllung
1 Spitzkohl (600–700 g)

3 EL Olivenöl

2 Schalotten, fein gehackt

300 g Crème fraîche

5 Eier

1 EL süßer Senf

100 g Katenschinken, in Würfel geschnitten

2 EL Schnittlauch, in Röllchen geschnitten

Salz

frisch gemahlener schwarzer Pfeffer

100 g frisch geriebener Gouda

Außerdem
Butter für die Form

Zubereitung

1 Für den Teig die Hefe in der Milch auflösen und mit dem Mehl, dem Olivenöl sowie jeweils einer Prise Salz und Zucker zu einem glatten Teig kneten. Zugedeckt an einem warmen Ort 1 Stunde gehen lassen. Anschließend ausrollen und in einer mit Butter ausgestrichenen Tarteform auslegen. Nochmals 15 Minuten gehen lassen.

2 Für die Füllung den Spitzkohl von den äußeren Blättern befreien, vierteln und den Strunk keilförmig herausschneiden. In Streifen schneiden. In sprudelnd kochendem Salzwasser blanchieren. Anschließend herausnehmen und durch ein Sieb sorgfältig abtropfen lassen.

3 Den Backofen auf 175 °C vorheizen.

4 Das Öl in einer tiefen Pfanne erhitzen und die Schalotten glasig anschwitzen. Nacheinander Crème fraîche, Eier, Senf und Schinkenwürfel sowie Schnittlauch zugeben und mit Salz und Pfeffer würzen. Mit dem Spitzkohl vermengen und in die mit dem Teig ausgelegte Tarteform füllen. Mit dem Gouda bestreuen und im heißen Ofen ca. 40 Minuten backen. In der Form servieren.

Szegediner Gulasch

Für 4 Personen

600 g Rinderschaufelbraten
3 Zwiebeln
1 Knoblauchzehe
400 g Sauerkraut
4 EL Butterschmalz
1 EL Paprika edelsüß
5 EL Tomatenmark
200 ml Rotwein
100 ml Madeira
1 l Rindfleischbrühe
Salz
frisch gemahlener schwarzer Pfeffer
50 g Butter
abgeriebene Schale von 1 Bio-Zitrone
½ TL Kümmel

Zubereitung

1 Das Fleisch von den dicken Sehnen befreien und in 2 cm große Würfel schneiden. Die Zwiebeln und die Knoblauchzehe schälen und fein hacken.

2 Das Sauerkraut kurz waschen und sorgfältig abtropfen lassen.

3 Das Butterschmalz in einem breiten Topf zerlassen und das Fleisch rundum scharf anbraten. Die Zwiebeln zugeben und andünsten. Mit dem Paprikapulver bestäuben und das Tomatenmark hinzufügen. Kurz mitbraten und anschließend mit dem Rotwein sowie dem Madeira ablöschen. Die Flüssigkeit fast zur Gänze reduzieren.

4 Die Brühe angießen und den Knoblauch hinzufügen. Mit Salz und Pfeffer würzen und bei mittlerer Hitze etwa 40 Minuten garen. Die Butter mit dem Zitronenabrieb und dem Kümmel hacken (dadurch fliegt der Kümmel beim Hacken nicht weg!) und zum Gulasch geben.

5 Das Sauerkraut hinzufügen und weitere 30 Minuten köcheln lassen.

Anmerkung: Szegediner Gulasch ist ein ungarisches Nationalgericht. Üblicherweise serviert man dazu Kartoffeln oder Knödel.

Bigos

Für 4 Personen
300 g Schweineschulter
200 g Rinderschaufelbraten
2 Krakauer Würste
200 g durchwachsener Speck
500 g Sauerkraut
30 g Schweineschmalz
1 Zwiebel
100 g Champignons
250 ml Rotwein
200 ml Madeira
½ TL Kümmel
1 l Rindfleischbrühe
Salz
frisch gemahlener schwarzer Pfeffer

Zubereitung
1 Das Fleisch in 2 cm große Würfel schneiden. Den Speck in kleine Würfel schneiden. Die Krakauer Würste in grobe Stücke schneiden. Das Sauerkraut waschen und grob hacken.

2 Das Schmalz in einem breiten Topf bei mittlerer Hitze zerlassen und das Fleisch knusprig braun anbraten. Den Speck und die Würste zugeben und so lange braten, bis alles gebräunt ist.

3 Die Zwiebel schälen und fein hacken. Die Champignons vierteln und waschen. Beides zugeben und 2 Minuten weiterbraten. Mit dem Rotwein und Madeira ablöschen. Auf die Hälfte reduzieren. Den Kümmel und das Sauerkraut zugeben. Mit der Brühe auffüllen. Mit Salz und Pfeffer würzen. 80 Minuten köcheln lassen.

Anmerkung: Bigos ist ein polnisches, litauisches und weißrussisches Nationalgericht. Ganz allgemein gilt es als Inbegriff der klassischen polnischen Küche.

Rotkohl-Linsen-Salat
mit Blauschimmelkäse
und gebratener Poulardenbrust

Für 4 Personen

75 g Tellerlinsen
400 g Rotkohl
3–4 EL Apfelessig
Salz
frisch gemahlener schwarzer Pfeffer
Zucker
75 ml Gemüsebrühe
4 EL Walnussöl
40 g Walnusskerne
2 feste Birnen
100 g Blauschimmelkäse
3 EL Olivenöl
2 Poulardenbrüste

Zubereitung

1   Die Linsen in kochendem Wasser 15–20 Minuten bissfest garen.

2   Vom Rotkohl die äußeren Blätter entfernen, waschen und halbieren. Den Strunk herausschneiden. Anschließend jede Hälfte in feine Streifen hobeln oder schneiden. Essig, Salz, Pfeffer, eine Prise Zucker und Brühe verrühren und das Walnussöl kräftig unterschlagen.

3   Die Linsen abgießen, abtropfen und etwas abkühlen lassen. Anschließend mit dem Kohl und der Vinaigrette vermengen und ziehen lassen.

4   Die Walnüsse grob hacken und in einer Pfanne ohne Fett rösten. Die Birnen schälen, vierteln und entkernen. Das Fruchtfleisch In feine Scheiben schneiden.

5   Den Salat auf dem Teller anrichten und die Walnüsse sowie die Birnen auf dem Salat verteilen. Den Käse in Stücke brechen und über dem Salat verteilen.

6   Den Backofen auf 180 °C erhitzen.

7   Das Olivenöl in einer Pfanne erhitzen. Die Poulardenbrüste mit Salz und Pfeffer würzen und auf beiden Seiten anbraten. Anschließend im heißen Ofen 10 Minuten nachgaren lassen. In Streifen schneiden und zu dem Salat servieren.

Vegetarische Gerichte

Gebackener Blumenkohl mit Aioli

Für 4 Personen
1 Blumenkohl
2 Eier
125 ml Bier
Salz
120 g Mehl (+ Mehl zum Frittieren)
1 EL flüssige Butter
1 ½ l Frittieröl
3 Eigelb
1 TL Dijon-Senf
1 EL Rotweinessig
2 Knoblauchzehen
100 ml Olivenöl
200 ml Maiskeimöl
**½ Bund Schnittlauch, gewaschen
      und in Röllchen geschnitten**
frisch gemahlener schwarzer Pfeffer

Zubereitung

1 Den Blumenkohl waschen und in nicht zu kleine Röschen zerteilen. In sprudelnd kochendem Salzwasser 8 Minuten garen. Anschließend abgießen und unter fließendem kaltem Wasser abschrecken.

2 Die Eier trennen und die Eigelbe, Bier und Salz mit einem Schneebesen gut verrühren. Das Mehl und die flüssige Butter unterziehen.

3 Die Eiweiße zu steifem Schnee schlagen und vorsichtig unterheben. Die Röschen mehlieren und einzeln in den Bierteig tauchen. In der Fritteuse goldgelb backen.

4 Die Eigelbe mit Senf, Salz und Essig verrühren. Die Knoblauchzehen schälen und fein hacken. Zu den Eigelben geben. Nun langsam das Öl zugeben, zuerst tröpfchenweise und dann etwas schneller. Den Schnittlauch hinzufügen und mit Salz und Pfeffer würzen. Die Blumenkohlröschen mit der Aioli servieren.

Kohlrabilasagne
mit Pilzen und Brokkoli

Für 4 Personen

2 Kohlrabi
1 Brokkoli
400 g Steinpilze (alternativ Morcheln
oder Pfifferlinge)
3 Schalotten
2 EL Butter
½ Knoblauchzehe
2 EL Crème fraîche
100 g Sahne
10 g Maisstärke
2 Eier
½ Bund Schnittlauch
Salz
frisch gemahlener schwarzer Pfeffer

Zubereitung

1 Die Kohlrabi schälen und in ½ cm dicke Scheiben schneiden. Alle Scheiben gleichmäßig rund ausstechen. Den Rest in kleine Würfel schneiden. Alles in leicht gesalzenem Wasser 4 Minuten köcheln lassen.

2 Den Brokkoli waschen und in Röschen zerteilen.

3 Die Pilze sorgfältig säubern (nicht waschen!) und in Würfel schneiden. Die Schalotten schälen und fein hacken.

4 Die Butter in einer Pfanne zerlassen und die Schalotten glasig anschwitzen. Die Pilze zugeben. Die Knoblauchzehe schälen, fein hacken und ebenfalls hinzufügen. Zum Schluss die Crème fraîche einrühren und aufkochen lassen.

5 Die Sahne mit der Stärke verrühren und ebenfalls zugeben. Vom Herd nehmen und leicht abkühlen lassen. Die Eier unterrühren.

6 Den Schnittlauch waschen und trocken schütteln. In feine Röllchen schneiden und zu der Masse geben. Mit Salz und Pfeffer würzen.

7 Den Backofen auf 150 °C vorheizen.

8 Auf ein Backblech vier Scheiben Kohlrabi geben, darauf etwas Pilzmasse. Abwechselnd in der Weise fortfahren und alles aufschichten. Mit einer Kohlrabischeibe abschließen. Falls Metallringe verfügbar sind, die Lasagne in den Ringen einsetzen. 20 Minuten im heißen Ofen garen.

9 Die Brokkoliröschen in leicht gesalzenem Wasser 2 Minuten kochen, zusammen mit der Lasagne anrichten und servieren.

Spitzkohlauflauf mit Vacherin

Für 4–6 Personen
Für die Kartoffelgnocchi
350 g mehligkochende Kartoffeln
1 Ei
1 Eigelb
**1 Knoblauchzehe, geschält und
    fein zerrieben**
**80 g Hartweizengrieß doppelt
    gemahlen (Nudelgrieß)**
Salz
frisch gemahlener schwarzer Peffer
Mehl

Für die Velouté
1 Schalotte
2 EL Olivenöl
300 ml Gemüsebrühe
100 g Sahne
10 g Maisstärke
100 g Vacherin Mont d'or
1 Eigelb

Für den Auflauf
½ Bund gelbe Rübchen
2 EL Butter
1 Spitzkohl
Salz
100 g Vacherin Mont d'or

Zubereitung
1   Die Kartoffeln am besten am Vortag schälen, weich kochen und auskühlen lassen. Durch die Kartoffelpresse drücken und mit dem Ei, Eigelb, Knoblauch und dem Grieß zu einem festen Teig verarbeiten. Mit Salz und Pfeffer würzen und mit einem Spritzbeutel lange Schlangen auf einen zuvor mehlierten Tisch geben. Mit einer Teigkarte kleine Stücke von den Teigschlangen abtrennen und zu Kugeln formen. Nun über eine Gabel drehen bzw. mit einer Gabel leicht eindrücken und in sprudelnd kochendes Salzwasser geben. Wenn die Gnocchi an die Oberfläche steigen, mit einem Schaumlöffel herausnehmen und unter fließendem kaltem Wasser abschrecken.

2   Den Backofen auf 210 °C vorheizen.

3   Für die Velouté die Schalotte schälen und fein hacken. Das Olivenöl in einer Pfanne erhitzen und die Schalotten glasig anschwitzen. 4 EL Brühe abnehmen, den Rest mit der Sahne angießen und aufkochen lassen. Die Stärke mit den 4 EL Brühe glatt rühren und in den heißen Fond rühren. Vom Herd nehmen. Den Vacherin darin auflösen und das Eigelb schnell einrühren.

4   Die Rübchen schälen. 1 EL Butter zerlassen und die Rübchen zugedeckt 4 Minuten dünsten.

5   Den Spitzkohl von den äußeren Blättern befreien und den Strunk herausschneiden. In Viertel zerteilen und die Blätter in Rauten schneiden. Die restliche Butter zerlassen und die Spitzkohlrauten zugedeckt 5–6 Minuten mit etwas Salz bei leichter Hitze dünsten.

6   Rübchen, Spitzkohl und Gnocchi zusammen in eine Auflaufform geben. Den Vacherin darüberbröseln und mit der Sauce bedecken. 16 Minuten im heißen Ofen backen und in der Form servieren.

Eiernudeln mit Pak-Choi und Chinakohl

Für 4 Personen

½ Bund Koriander
3 EL Sojasauce
2 EL Reisessig
2 cm Ingwer, geschält und fein gerieben
½ TL Jaipur-Curry
5 EL Sesamöl, geröstet (+ Sesamöl
   zum Braten)
150 g Chinakohl
1 rote Paprikaschote
4 Mini-Pak-Choi
200 g chinesische Eiernudeln
1 TL Chilifäden

Zubereitung

1 Den Koriander waschen und trocken schütteln. 3–4 Stängel beiseitelegen. Von den restlichen Stängeln die Blätter abzupfen und fein hacken. Mit Sojasauce, Essig, Ingwer und Curry verrühren und 3 EL Öl unterschlagen.

2 Den Chinakohl von den äußeren unschönen und trockenen Blättern befreien und das untere Ende abschneiden. Die Blätter ablösen, waschen und quer in feine Streifen schneiden. Die Paprika waschen, entkernen und in Streifen schneiden. Die Mini-Pak-Choi waschen und halbieren.

3 Das restliche Sesamöl erhitzen und die Pak-Choi sowie die Paprikastreifen scharf anbraten. Unter die Marinade ziehen.

4 Die Nudeln in sprudelnd kochendes Salzwasser geben und darin garen. Durch ein Sieb abgießen und sorgfältig abtropfen lassen. Zur Marinade geben. Die Chilifäden zugeben und mit dem Koriander garnieren. Alles zusammen in einem tiefen Teller anrichten.

Gefüllter Kohlrabi mit Schafskäse und Romanesco

Für 4 Personen

4 kleine Kohlrabi
200 g Kartoffeln
300 ml Gemüsebrühe
10 g Maisstärke
40 g frisch geriebener Parmesan
½ Romanesco
3 EL halbgetrocknete Tomaten in Öl
200 g Schafskäse

Zubereitung

1 Den Backofen auf 150 °C vorheizen.

2 Die Kohlrabi schälen und oben einen Deckel von 1 cm abschneiden. Den Kohlrabi mit einem Parisienne-Ausstecher auf eine Wandstärke von einem ½ cm aushöhlen.

3 Die Kartoffeln schälen und in Würfel schneiden. In der Gemüsebrühe weich kochen. Eventuell etwas Wasser zugeben. Nach dem Kochvorgang die Kartoffeln abgießen, die Stärke mit etwas kaltem Wasser anrühren und den Fond damit binden. Den Parmesan einrühren.

4 Den Romanesco waschen, in Röschen zerteilen und 8 Minuten in leicht gesalzenem Wasser garen. Abgießen. Eine Hälfte der Romanescoröschen zu den Kartoffeln geben, die andere Hälfte beiseitestellen.

5 Die Tomaten grob hacken und ebenfalls zu den Kartoffeln geben. Den Schafskäse in Würfel schneiden und hinzufügen.

6 Nun die Kohlrabi damit füllen und den Deckel jeweils aufsetzen.

7 Im heißen Ofen 20 Minuten garen. Anschließend den restlichen Romanesco erhitzen. Jeweils einen Kohlrabi auf den Teller setzen, mit den Romanescoröschen umlegen und servieren.

Selleriecannelloni mit Blattspinat und Orangen-Rotkohl

Für 4 Personen
Für den Orangen-Rotkohl
500 g Rotkohl
80 ml Rotwein (Beaujolais)
80 ml roter Portwein
3 EL Rotweinessig
1 Zwiebel
2 EL Pflanzenöl
Salz
frisch gemahlener schwarzer Pfeffer
3 EL Honig
100 ml Orangensaft
4 Orangen

Für die Cannelloni
1 Sellerieknolle
500 ml Milch
Salz
1 Schalotte
1 EL Butter
250 g Spinat
1 Ei
2 EL Paniermehl
1 Teeei mit 2 Pimentkörnern,
   1 Lorbeerblatt, 5 Wacholderbeeren
2 EL Sahne

Zubereitung

1 Vom Rotkohl die äußeren Blätter entfernen, waschen und halbieren. Den Strunk herausschneiden. Anschließend jede Hälfte in feine Streifen hobeln oder schneiden. Mit dem Rotwein, Portwein und Essig durchkneten.

2 Die Zwiebel schälen und fein hacken. Das Öl in einem breiten Topf erhitzen und die Zwiebeln glasig anschwitzen. Den Kohl zugeben und mit Salz und Pfeffer würzen. Den Honig hinzufügen und den Orangensaft angießen. Zugedeckt bei mittlerer Hitze 40 Minuten köcheln lassen. Die Orangen schälen und filetieren. Den ablaufenden Saft mit zum Kohl geben. Die Orangenfilets beiseitestellen.

3 Den Sellerie schälen und in 3 mm dicke Scheiben schneiden. In kochender leicht gesalzener Milch 2 Minuten garen. Herausnehmen und trocken tupfen.

4 Die Schalotte schälen und fein hacken. Die Butter zerlassen und die Schalotten glasig anschwitzen.

5 Den Spinat waschen und die harten Stiele entfernen. Grob hacken und zu den Schalotten geben. 4 Minuten dünsten und anschließend salzen. Sorgfältig ausdrücken und das Ei sowie das Paniermehl zugeben. Die Gemüsemasse einige Minuten quellen lassen und anschließend die Selleriescheiben wie Cannelloni füllen. Mit der Sahne bestreichen und 8 Minuten dämpfen. An beiden Seiten gerade schneiden.

6 Unmittelbar vor dem Anrichten die Orangenfilets zum Kohl geben. Den Kohl auf den Teller geben, darüber die Cannelloni legen und servieren.

Chinakohlcurry mit Zitronengras

Für 4 Personen
500 g Chinakohl
1 Karotte
1 rote Paprikaschote
2 EL Sesamöl
1 Knoblauchzehe, fein gehackt
1 EL Jaipur-Curry
400 ml Kokosmilch
2 Zitronengrasstängel, etwas angeklopft

Außerdem
200 g Basmatireis
Salz

Zubereitung
1 Den Chinakohl von den äußeren unschönen Blättern befreien und waschen. Den Kohl längs halbieren, den Strunk keilförmig herausschneiden und in 1½ cm breite Streifen schneiden.

2 Die Karotte schälen, waschen und in feine Streifen schneiden oder hobeln. Die Paprikaschote waschen und entkernen. Ebenfalls in feine Streifen schneiden.

3 Das Sesamöl in einem Wok erhitzen und Karotten, Knoblauch und Paprika unter Rühren anschwitzen. Mit dem Curry abstäuben. Die Chinakohlstreifen hinzufügen und alles unter Rühren anbraten.

4 Die Kokosmilch angießen, anschließend das Zitronengras. 8–10 Minuten garen.

5 Während dieser Zeit den Basmatireis kochen oder dämpfen.

6 Sobald das Curry gar ist, das Zitronengras entfernen. Das Curry mit dem Basmatireis servieren.

Wirsinglasagne mit Champignons, Frühlingszwiebeln und Tomaten

Für 4–6 Personen

2 EL Olivenöl
1 Schalotte, geschält und fein gehackt
1 Knoblauchzehe, geschält und fein gehackt
1 Dose geschälte Tomaten (800 g)
Salz
frisch gemahlener schwarzer Pfeffer
2 EL Crème fraîche
2 EL frisch geriebener Parmesan
1 Kopf Wirsing
1 Bund Frühlingszwiebeln
200 g braune Champignons
2 EL Pflanzenöl
8 Kirschtomaten, halbiert
2 EL Petersilie, fein gehackt
7 Lasagne-Teigplatten (siehe das Grundrezept für Nudelteig Seite 156) alternativ Trockenprodukt, vorgekocht)
120 g frisch geriebener Emmentaler

Zubereitung

1 Das Olivenöl in einem Topf erhitzen und die Schalotten sowie den Knoblauch glasig anschwitzen. Die geschälten Tomaten dazugeben und mit Salz und Pfeffer würzen. Die Crème fraîche und den Parmesan unterrühren.

2 Den Wirsing vorbereiten. Hierzu den Wirsingkopf waschen, die äußeren Blätter entfernen und den Strunk herausschneiden. Anschließend in Würfel schneiden. Die Frühlingszwiebeln waschen und putzen, in feine Ringe schneiden. Die Champignons putzen, waschen und in Scheiben schneiden.

3 Das Pflanzenöl erhitzen und den Wirsing anschwitzen. Frühlingszwiebeln, Champignons, Tomaten und die Petersilie hinzufügen, unterrühren und mit Salz und Pfeffer würzen.

4 Den Backofen auf 200 °C vorheizen.

5 Den Teig nach dem Grundrezept auf Seite 156 herstellen. Durch eine Nudelmaschine dünn auf die Größe der Auflaufform ausrollen und die Nudelplatten in reichlich Salzwasser kurz vorkochen. Herausnehmen und zum Abtropfen auf ein Küchentuch legen.

6 Nun die Tomatensauce, das Gemüse und die Teigplatten nacheinander in die Auflaufform geben. Zum Schluss mit dem Emmentaler bestreuen und im heißen Ofen 20 Minuten backen. In Portionen teilen und servieren.

Dip von Spitzkohl, türkischem Kümmel und Schafskäse

Für 4 Personen

300 g Spitzkohl
300 g cremiger Schafskäse
   (höchste Fettstufe)
1 Knoblauchzehe, fein gehackt
2 EL Crème fraîche
Salz
frisch gemahlener schwarzer Pfeffer
1 Chilischote, rot oder grün
3 TL türkischer Kümmel

Zubereitung

1   Den Kohl von den äußeren Blättern
befreien und den Strunk herausschneiden.
Zuerst in Viertel, anschließend in Würfel
schneiden. In kochendem Salzwasser blanchieren, abgießen und kalt stellen.
2   Schafskäse, Knoblauch und Crème
fraîche mit einer Gabel zerdrücken, bis eine
cremige, fast glatte Masse entstanden ist.
Mit Salz und Pfeffer würzen.
3   Die Chilischote waschen und entkernen,
anschließend in kleine Würfel schneiden
und hinzufügen. Die Spitzkohlwürfel und
den Kümmel unterrühren und mit Salz und
Pfeffer abschmecken. Kalt stellen.

In Folie gebackene Teltower Rübchen mit Knoblauch, Majoran und Balsamicoessig

Für 4 Personen

1 Bund Majoran
400 g Teltower Rübchen
5 Knoblauchzehen, ungeschält
  und angedrückt
Salz
frisch gemahlener schwarzer Pfeffer
6 EL alter Balsamicoessig
6 EL Olivenöl

Zubereitung

1 Den Majoran waschen und trocken schütteln. Die Blättchen von den Stängeln zupfen.

2 Den Backofen auf 200 °C vorheizen. Ein 1,5 m langes Stück Alufolie von der Rolle abreißen und quer falten (als doppelte Lage hält die Folie besser!).

3 Sollten die Rüben zu groß sein, der Länge nach halbieren. So kann die Garzeit verkürzt werden. Kleine Exemplare bleiben dagegen ganz. Mit dem Knoblauch und dem Majoran vermengen und auf die Folie geben. Kräftig mit Salz und Pfeffer würzen. Die Folie leicht nach oben biegen, bevor der Essig und das Öl hinzugefügt und über die Rüben geträufelt werden. Die beiden Längsseiten der Folie über die Mitte zusammenlegen und falzen (oder einfach zusammenknüllen). Anschließend die schmalen Seiten genauso verschließen wie ein Päckchen und im heißen Ofen etwa 45 Minuten backen.

4 Das Gericht in der Folie servieren (Achtung, beim Aufreißen tritt heißer Dampf aus!).

Desserts

Apfeltarte
mit Rotkohleis

Für 4 Personen
Für die Tarte

200 g Blätterteig
100 g Puderzucker
200 g Marzipan
4 Äpfel (Boskop)
4 EL geschlagene Sahne
2 EL Honig

Für das Eis

150 g Zucker
½ Kopf Rotkohl
600 ml Rotwein (Beaujolais)
300 ml roter Portwein
1 Zimtstange
2 Nelken
4 Pimentkörner
20 ml Zitronensaft
100 ml Apfelsaft
6 Eigelb
100 g Butter

Zubereitung

1 Den Blätterteig statt mit Mehl mit Puderzucker dünn ausrollen. Mit einem Ausstecher vier runde Scheiben à 12 cm Ø ausstechen. Das Marzipan ebenfalls ausrollen und ebenso große Scheiben auf den Blätterteig legen. Auf ein Backblech mit Backpapier legen.

2 Den Backofen auf 210 °C vorheizen.

3 Die Äpfel schälen, in Viertel schneiden und die Kerngehäuse entfernen. Das Fruchtfleisch in feine Spalten schneiden. Auf das Marzipan legen. Auf der untersten Schiene im heißen Ofen backen. Nach 6 Minuten mit einer Palette umdrehen. Weitere 5 Minuten backen und wieder umdrehen. Je einen Löffel geschlagene Sahne, die mit Honig verrührt wurde, auf die Apfeltarte geben und bis zur gewünschten Bräune weiterbacken (karamellisieren).

4 Für das Eis den Zucker karamellisieren. Vom Rotkohl die äußeren Blätter entfernen, waschen und halbieren. Den Strunk keilförmig herausschneiden. Die Rotkohlblätter in Streifen schneiden und zum Karamell geben. Mit Rotwein und Portwein ablöschen. Zimtstange, Nelken und Pimentkörner zugeben und das Ganze bis auf die Hälfte reduzieren. Durch ein Sieb passieren und fest ausdrücken. Den Zitronen- und den Apfelsaft zugeben. Es sollten sich nun 500 ml ergeben. Erforderlichenfalls weiter einkochen lassen.

5 Nun den Fond mit den Eigelben zur Rose abziehen. Danach in den noch warmen Fond die in kleine Stücke geschnittene kalte Butter einmixen. In einer Sorbetiere gefrieren lassen. Wer keine Sorbetiere hat, kann das Eis auch im Tiefkühlfach einfrieren und mixt es vor Gebrauch noch einmal mit einem Mixer (z. B. Thermomix) auf.

6 Zum Anrichten die Tarte in der Mitte des Tellers anrichten und das Eis daraufsetzen.

Gebratener Crottin de Chavignol mit Honig-Steckrüben

Für 4 Personen

¼ **Steckrübe**
3 EL **Zucker**
2 EL **weißer Balsamicoessig**
4 EL **Honig**
2 EL **Sultaninen**
1 EL **Olivenöl**
4 **Crottin de Chavignol**
4 **Scheiben Nussbrot**

Außerdem

einige Rucolablätter

Zubereitung

1 Die Steckrübe schälen und in kleine Würfel schneiden. Den Zucker karamellisieren. Mit dem Essig ablöschen und rasch die Steckrüben zugeben. Den Honig sowie die Sultaninen hinzufügen und 4–5 Minuten weich dünsten.

2 Den Backofen auf 150 °C vorheizen.

3 Eine beschichtete Pfanne mit einem Pinsel dünn mit dem Olivenöl ausstreichen und die Käsestücke darin braten. Dabei kann es passieren, dass der Käse unten etwas ausläuft. In diesem Fall den ausgelaufenen Käse sofort mit einer Palette nach oben an den Käse drücken. Den Käse anschließend umdrehen und 2–3 Minuten in den heißen Ofen schieben.

4 Das Nussbrot toasten, etwas von den Honig-Steckrüben daraufgeben und darüber den Käse. Obenauf nochmals ein wenig von den Steckrüben. Mit 2–3 Rucolablättern dekorieren und servieren.

Souffliertes Birnensüppchen mit Rosenkohl-Cranberry-Eis

Für 4 Personen
Für das Birnensüppchen
2 reife Birnen
400 ml Birnensaft
15 g Maisstärke
15 ml Birnengeist
2 Eiweiß
70 g Zucker
1½ EL Zitronensaft
1 Eigelb
1 EL Himbeermark
    (alternativ Himbeersauce)

Für das Cranberry-Eis

60 g Zucker
4 Eigelb
abgeriebene Schale und 20 ml Saft
    von 1 Bio-Zitrone
20 ml Grand Marnier
100 g Cranberries, kalt gerührt
250 g Sahne

Für das Rosenkohl-Eis

70 g Zucker
4 Eigelb
20 ml Haselnusslikör
    (alternativ Amaretto)
150 g Rosenkohl
30 g Spinat
250 g Sahne

Außerdem

Salz
Puderzucker

Zubereitung

1 Die Birnen schälen, vierteln und die Kerngehäuse entfernen. Das Fruchtfleisch in kleine Würfel schneiden. 2 EL vom Birnensaft abnehmen und die Stärke damit anrühren. Den restlichen Saft mit dem Birnengeist aufkochen lassen. Die Birnenwürfel zugeben und mit der Stärke binden.

2 Für das Cranberry-Eis den Zucker mit den Eigelben, dem Zitronensaft und -abrieb sowie dem Grand Marnier warm aufschlagen. Die Cranberries unter die Masse mixen und mit der Sahne zur Rose abziehen (unter ständigem Rühren auf 70 °C erhitzen). Anschließend kalt rühren und in einer Eismaschine gefrieren.

3 Für das Rosenkohl-Eis den Zucker mit den Eigelben und dem Likör warm aufschlagen. Den Rosenkohl in leicht gesalzenem Wasser 15 Minuten weich kochen. 2 Minuten vor Ende der Garzeit den Spinat zugeben. Nun mit der Sahne glatt mixen und zur Rose abziehen (unter ständigem Rühren auf 70 °C erhitzen). Anschließend kalt rühren und in einer Eismaschine gefrieren.

4 Achtung! Wenn beide Eissorten noch sämig sind, marmorartig zusammenrühren.

5 Nun den Backofen auf 200 °C vorheizen.

6 Die Eiweiße mit dem Zucker aufschlagen. Den Zitronensaft und das Eigelb unterheben und eine Haube davon auf das Birnenragout setzen. Mit dem Himbeermark spinnennetzartig verzieren und 5 Minuten im heißen Ofen backen. Mit Puderzucker abstäuben und mit je einer Nocke Eis servieren.

Schokoladenbrownie mit Cashewkernen und Pastinakenwürfeln

Für 4 Personen

300 g Pastinaken
2 EL Haselnussöl
200 g bittere Schokolade, 68 %
280 g Butter
320 g Zucker
4 Eier
1 Eigelb
80 g Mehl
200 g Cashewkerne, geröstet

Zubereitung

1 Die Pastinaken schälen und in Würfel schneiden. Das Haselnussöl in einer Pfanne erhitzen und die Pastinakenwürfel bissfest dünsten.

2 Den Backofen auf 170 °C vorheizen.

3 Die Schokolade mit der Butter und dem Zucker auf 40 °C erwärmen. Nun die restlichen Zutaten unterrühren und 4–5 cm hoch in einen Rahmen oder eine Form füllen. Im heißen Ofen 30 Minuten backen und anschließend auskühlen lassen. In Quadrate schneiden und servieren.

Panna cotta mit Rote Bete und grünem Apfel

Für 4 Personen
Für die Panna cotta
4 Blatt Gelatine
2 Vanilleschoten
800 g Sahne
100 g Zucker

Für die Roten Beten
2 Rote-Bete-Knollen
Salz
1 Apfel (Granny Smith)
50 ml Rotwein
30 ml Crème de Cassis
2 EL Honig

Für das Apfelsorbet
50 ml Calvados
100 g Zucker
350 g grünes Apfelpüree
4 Spitzen von Zitronenmelisse
   nach Belieben

Zubereitung

1 Die Gelatine in kaltem Wasser einweichen. Von den Vanilleschoten das Mark herauskratzen. Die Sahne mit der Vanilleschote und dem Mark sowie dem Zucker aufkochen lassen. Vom Herd ziehen. Die Gelatine ausdrücken, zur Sahne geben und 20 Minuten ziehen lassen. In Gläser abfüllen und kalt stellen.

2 Die Roten Beten mit der Schale in leicht gesalzenem Wasser weich kochen. Anschließend schälen und in kleine Würfel schneiden. Den Apfel schälen, vierteln und das Kerngehäuse entfernen. Das Fruchtfleisch ebenfalls in kleine Würfel schneiden. Rotwein und Crème de Cassis auf die Hälfte reduzieren. Den Honig und die Äpfel zugeben und einmal aufkochen lassen. Die Rote-Bete-Würfel zugeben, abkühlen lassen und auf die Panna cotta geben.

3 Für das Apfelsorbet den Calvados mit dem Zucker erhitzen und zum Apfelpüree mit der Zitronenmelisse geben. In der Eismaschine gefrieren.

4 Eine Nocke Apfelsorbet auf die Rote-Bete-Würfel setzen und ggf. mit der Zitronenmelisse garnieren.

Hefekuchen mit Petersilienwurzeln

Für 4 Personen

Für den Kuchen

½ Würfel frische Hefe
200 ml Milch
80 g Butter
500 g Mehl Type 405
60 g Zucker
1 Ei
1 Eigelb
5 g Salz
1 Vanilleschote, das Mark ausgekratzt
abgeriebene Schale von
     einer ½ Bio-Zitrone
6 EL Aprikosenmarmelade

Für die Petersilienwurzeln

4 Petersilienwurzeln
2 EL Butter
2 EL Honig

Für die Streusel

120 g Butter
150 g Mehl
120 g Zucker
80 g Haselnüsse, gehobelt

Zubereitung

1 Die Hefe in der Milch auflösen. Dabei aufpassen, dass die Hefe nicht zu heiß ist. (Ab 40 °C ist sie bereits zu heiß!) Anschließend die Butter zerlassen. Alle Zutaten 5 Minuten in der Maschine kneten. 20 Minuten gehen lassen und auf eine Größe von 30 x 40 cm ausrollen.

2 Die Marmelade mit etwas Wasser aufkochen lassen. Den Teig damit bestreichen.

3 Die Petersilienwurzeln schälen und in kleine Würfel schneiden. Mit der Butter und dem Honig 3–4 Minuten dünsten und auf dem mit der Marmelade eingestrichenen Teig verteilen.

4 Den Backofen auf 170 °C vorheizen.

5 Für die Streusel die kalte Butter in kleine Würfel schneiden und mit dem Mehl, dem Zucker und den Haselnüssen zu Streuseln verarbeiten. Auf dem Kuchen verteilen und 1 Stunde bei Zimmertemperatur (oder besser bei feuchten 35 °C) gehen lassen.

6 Anschließend im heißen Ofen 30 Minuten backen.

Rote-Bete-Kuchen mit Vanillesauce

Für eine Springform von 25 cm Durchmesser

500 g Rote-Bete-Knollen
15 g Ingwer, geschält und fein gehackt
3 Eier, getrennt
150 g Honig
170 ml Olivenöl
3 Vanilleschoten
150 g Weizenmehl
2 TL Backpulver
100 g Maisgrieß (Polenta)
abgeriebene Schale und
  Saft von 1 Bio-Orange
Salz
Zimtpulver
Piment, gemahlen

Außerdem

Butter und Mehl für die Form
200 g Sahne
200 ml Milch
4 Eier
2 Eigelb
50 g Zucker

Zubereitung

1 Die Roten Beten ca. 1 Stunde weich kochen und die Haut mit den Fingern abziehen. Mit einem Kartoffelstampfer fein stampfen und auskühlen lassen.

2 Den Backofen auf 180 °C vorheizen.

3 Den Rote-Bete-Stampf in eine Schüssel geben und Ingwer, Eigelbe, Honig, Olivenöl und das Mark von 2 Vanilleschoten mit dem Schneebesen einrühren. Anschließend die Masse mit Mehl, Backpulver, Maisgrieß und dem Saft sowie dem Abrieb der Orangen vermengen. Mit jeweils einer Prise Salz, Zimt und Piment würzen.

4 In einer zweiten Schüssel die restlichen 3 Eiweiße steif schlagen und unter die Teigmasse heben.

5 Eine Springform mit Butter ausstreichen und mit Mehl bestäuben. Die Masse einfüllen und im heißen Ofen 35 Minuten backen.

6 Die Sahne mit der Milch verrühren. Die Eier und die Eigelbe in einem Anschlagkessel über einem siedenden Wasserbad mit dem Zucker verrühren und mit der Sahne-Milch-Mischung übergießen. Das Mark der restlichen Vanilleschote hinzufügen. Zur Rose abziehen, bis die Eier die Flüssigkeit binden.

7 Den Kuchen in Stücke schneiden. Die Vanillesauce in einen tiefen Teller füllen und ein bis zwei Stücke des Kuchens dekorativ dazulegen.

Rüblikuchen

Ergibt 14 Stücke
6 Eier
290 g Zucker
75 g flüssige Butter
420 g Karotten, geschält und fein geraspelt
420 g Haselnüsse, fein gerieben

Für den Guss
200 g Puderzucker
3 EL Amaretto
20 g flüssige Butter

Außerdem
14 Marzipankarotten

Zubereitung
1 Die Eier mit dem Zucker im Wasserbad mit einem Handrührgerät auf 50 °C dick aufschlagen. Die flüssige Butter zugeben. Danach die Karotten und die Haselnüsse unterheben.
2 Den Backofen auf 180 °C vorheizen.
3 Die Masse in eine Springform geben und im heißen Ofen 55 Minuten backen.
4 Für den Guss den Puderzucker sieben und mit dem Amaretto verrühren. Die Butter unterrühren und den Kuchen mit dem Guss überziehen. Je nach Belieben mit Marzipankarotten dekorieren.

Anhang
Grundrezepte

Nudelteig

Ergibt 800 g
150 g Mehl
350 g feiner Hartweizengrieß
10 ml Olivenöl extra vergine
4 Eier
4 Eigelb
5 g Salz
1 Prise Kurkuma

Zubereitung
1 Das Mehl und den Grieß mit den genannten Zutaten 2–3 Minuten kneten. Zu einer Kugel formen und in Frischhaltefolie wickeln. Vor der weiteren Verarbeitung 2 Stunden kühl stellen.
2 Mit der Nudelmaschine oder einem Nudelholz sehr dünn ausrollen und nach Bedarf zuschneiden.

Vinaigrette

Ergibt 750 ml
50 ml Madeira
50 ml roter Portwein
1 EL Senf
150 ml Maiskeimöl
25 ml Balsamicoessig
25 ml Sherryessig
100 ml Weißweinessig
1 EL brauner Zucker
150 ml Hühnerbrühe
150 ml Olivenöl

Zubereitung
1 Madeira und Portwein zusammen in einem kleinen Topf bei großer Hitze auf 2 TL reduzieren.
2 Mit allen anderen Zutaten bis auf das Olivenöl verrühren. Anschließend nach und nach das Olivenöl unterrühren.

Hühnerbrühe

Ergibt 2 ½ Liter
1 Suppenhuhn
1 Zwiebel
100 g Stangensellerie
80 g Lauch (nur das Weiße)
5 Champignons
1 Lorbeerblatt
10 schwarze Pfefferkörner
3 Thymianzweige
2 Blattpetersilienzweige
1 Borretschzweig
Salz nach Belieben

Zubereitung
1 Das Suppenhuhn mit Wasser bedecken und zum Kochen bringen. Den Schaum mit einem Schaumlöffel abschöpfen und die Gewürze zugeben. 1 ½ Stunden leicht köcheln lassen.
2 Nun das Gemüse putzen und waschen. Im Ganzen oder zusammengebunden zugeben und weitere 20 Minuten köcheln lassen. Durch ein Tuch passieren.

Gemüsebrühe

Ergibt 1 Liter

50 g Fenchel
1 Zwiebel
100 g Knollensellerie
100 g Karotten
80 g Lauch (nur das Weiße)
5 Champignons
1 Lorbeerblatt
10 schwarze Pfefferkörner
3 Thymianzweige
2 Blattpetersilienzweige
1 Borretschzweig
150 ml Riesling, trocken
50 ml Sojasauce
1 ½ l Wasser
Salz nach Belieben

Zubereitung

Das Gemüse putzen und waschen. Im Ganzen oder zusammengebunden mit den anderen Zutaten 45 Minuten kochen. Anschließend durch ein Tuch passieren.

Rindfleischbrühe

Ergibt 4 Liter

2 kg Rinderknochen
2 kg Rindersuppenfleisch
4 Pimentkörner
1 EL Wacholderbeeren
1 EL schwarze Pfefferkörner
2 Gewürznelken
2 Lorbeerblätter
¼ Bund Petersilie, gewaschen
1 Zwiebel, geschält
1 Stange Lauch, geputzt und gewaschen
100 g Sellerieknolle, geschält
100 g Karotten, geschält und gewaschen

Zubereitung

1   Die Knochen 30 Sekunden in kochendem Wasser blanchieren und danach mit 5 Liter kaltem Wasser in einem großen Topf aufsetzen. Das Fleisch zugeben und zum Kochen bringen. Den Schaum mit einem Schaumlöffel abschöpfen und die Gewürze und Kräuter zugeben. 2 Stunden köcheln lassen.

2   Die Zwiebel halbieren. Mit den Schnittflächen direkt auf die heiße Herdplatte legen und schwarz werden lassen. Lauch, Sellerie und Karotten zusammenbinden und mit den Zwiebelhälften zur Brühe geben. Nochmals 30 Minuten köcheln lassen. Anschließend durch ein Sieb passieren.

Register

sty:ria

Danke!

Ich danke allen, die ich an dieser Stelle nicht erwähnen kann. Viele Menschen haben mich inspiriert, die Rezepte in diesem Buch zu entwickeln, Kollegen, Freunde, Bekannte.

Besonderen Dank an die Menschen, ohne die das Buch nicht hätte entstehen können:
Lando: Du hast mich beim Schreiben unterstützt und hast für mich recherchiert.
Marcel: Deine Ideen sind für mich Gold wert!
Mein Küchenteam: Ihr haltet mir den Rücken für derlei Eskapaden in die Bücherwelt frei.
Meiner Frau und meinen Kindern, die während der umfangreichen Arbeit an dem Buch meine schrecklichen Launen ertragen haben.
Karsten, der mich nun schon seit vielen Jahren in jeder Weise fördert – mit seiner konstruktiven Kritik, die mich immer wieder anspornt, für unsere Gäste das Beste zu geben.
Barbara und Sonja, die aus meinen Rezepten großartige Fotos haben entstehen lassen.
Und last but not least: Ria, die dem Ganzen inhaltlich und optisch eine wunderbare Form gegeben hat.

Visuelle Gesamtkonzeption: www.buero-jorge-schmidt.de
Satz und Layout: Elisabeth Petersen

Printed in Austria

ISBN 978-3-99011-049-2